水辺の怪談

――海で川で起こった釣り人の怪奇体験

つり人社書籍編集部 編

※本書に収録された作品は、都合により一部人名や地名等を、仮名またはアルファベットで表記しております。

つり人社

水辺の怪談 再び 目次

川・湖の章

釣り雑誌の鮮明すぎる心霊写真　伊藤 巧——6
闇から覗く白い眼　栗原 宗康——12
22年ぶりに再会した少女　湯村 武広——16
月夜の水面から見つめるモノ　桑鶴 剛史——22
奥多摩の霊　吉田 孝——28
黄色い布　鷹野 敬一——34
ワンピースの女性　内藤 学——40
風が運んできたモノ　齋藤 庸三——48
僕には見える琵琶湖大橋の3人　松下 雅幸——54
嬌声が悲鳴に変わった湖水浴　松下 千香——58
真夜中のテント場　戸門 剛——62
廃棄バスから漂う妖気　千島 克也——67

青いヤッケの釣り人　河野辺元康――72
それでも車中泊はやめられない　津留崎義孝――76

海の章

三陸の孤島に泊まると　塩津紀彦――84
旧い地名と元寇防塁跡　髙橋大介――92
男女群島の怪奇現象　米山保――97
頭に乗せられた手　反町工健――102
恐怖のコーポは今もまだそこに建つ　大久保幸三――106
赤い写真　水橋加知博――112
2週続けて起きた夜の怪奇現象　荒木一樹――117
オジイと思い出の磯　文屋剛――122

ブックデザイン　佐藤安弘（イグアナ・グラフィックデザイン）

川・湖の章

釣り雑誌の鮮明すぎる心霊写真

長良川のアユ釣り競技会に現われた三つ編みボーダーの女性……！

伊藤 巧
いとう・たくみ

1969年生まれ、愛知県在住。東海地方の釣り雑誌記者を経て現在はフリーランスとして活躍。ライギョ、アオリイカ、クロダイからビワマスのレイクトローリングまでこなす何でも派。下手釣り集団チーム白馬車＆江戸前なめろう隊所属。

一眼で心霊写真など不可能

夜の猫ヶ洞池で宙に浮く白っぽい何かに追いかけられて一緒に釣りをしていた友人と逃げたとか、これまでの半世紀にわたる人生で説明できない怪奇現象はそこそこ味わってきたが、心霊写真に関しては懐疑的だった。大学を卒業してから東海地方の釣り情報を発信する雑誌を発行するK立出版社の記者として働き、数え切れないほど現場でシャッターを切ってきたが、一度も心霊がフィルムに写り込んだことがなかったからだ。福井県の東尋坊や雄島といった自殺の名所や心霊スポットでも夜釣りの撮影をしたが、別にこれといって不穏な何かは写ってくれなかった。だいたい人の目には見えていなかったのにフィルムを現像したら得体の知れない物体が写っていたとか、どう考えても腑に落ちない。見えていたから咄嗟に撮影したというなら話は別だが、霊を肯定や否定する以前の問題で、見えないものが写るわけがないのである。カメラに霊を写す特殊な機能など搭載されていない。カメラに関しては現実的なそんな私だったが、考えを改めざるを得ない衝撃的な心霊写真を目にした。かれこれ15年以上昔の話になるが……。

当時、K立出版社と同じオフィスにルアー専門誌のF誌を発行するK和出版が入っていた。そのK和出版で働いている長谷川という記者は大学の後輩だ。学生時代から仲良くしていたこともあって暇な時間によく釣り談義で盛り上がっていた。

その日も昼飯を食べたあとに無駄話に花を咲かせていた。そして不意に長谷川が私に「取材で心霊写真を撮ったことある？」と真面目な顔つきで聞いてきたのだ。答えは当然ながら否。この長谷川も心霊写真には否定的な立場であり、そもそも霊の存在を信じていない側の人間だった。その長谷川がこう続けた。

「F誌のグラビアにあからさまに写り込んでるんだよね……」

心霊現象を真っ向から否定する長谷川が手にしていたのは、F誌の90年9月号だった。何でも平成2年の6月に長良川で開催されたメーカー主催のアユ釣り大会で写ってしまったとのこと。「いや、これ本当に鮮明過ぎて意味が分からないんだよ……」と、問題のページを開いて見せてくれた。

それは2ページにまたがる競技中の風景だった。ちょうどページの谷間にとある選手が川に腰まで浸かってオトリアユを泳がせていた。野アユを掛けんとする姿を捉えているのだが、思わず目を疑った。

あまりに鮮明な姿に絶句

若い女性が背中に寄り添っていた……。白黒のボーダーシャツを着た三つ編みの女性が水面から上半身を出し、選手の背後に迫っていた。その姿はテレビや本で見るような冷やかしの写真とは明らかに次元が違う鮮明さだった。

当時の心霊写真といえば一般の方が写ルンです的なインスタントカメラで撮影したスナップ写真が大半で、写っている部分を円で囲んでようやく、言われてみれば……と感じる程度のものが多かった。カメラの扱いに慣れた人間が一眼レフで撮影した鮮明な心霊写真など見た記憶がない。

その女性はこちらの撮影を気にする様子もなく選手の腰辺りを見ていた。この女性が選手を川に引き込もうとしているのか、救いを求めているのかは分からないが、カメラに目線を向けている記念撮影のような心霊写真にはないリアルな雰囲気が伝わってきた。もちろん競技中に女性が川に飛び込んで選手のジャマをしたなどという行為はあるはずもない。

「校正の段階で気づかなかったの?」と訝しげに聞いたら、締め切りの佳境で完全に見落としたらしい。気づかないまま印刷に回されて、書店に並んでから判明したとのこと。判明した当時、編集部では大騒ぎになったそうだ。雑誌に広告を出稿しているスポンサー様の大会取材だけに心中は察するにあまりある。さぞかし当時の編集長も胃が痛んだことだろう。

ちなみにこの大会を取材したのはK和出版のM社長とのこと。当時の編集長である。まあ本人が担当記者なら仕方ないといったところか。

Mさんは相当の怖がりで、この話をすると怒りだすらしい。しかし心配なのはMさんよりも背後につかれていた選手の安否である。「この選手は今も元気なのか確認すべきでは?」と長谷川に言うと、やはり同じことを思ったらしく、このグラビアを上司に見せてもらったときにMさんに聞いたそうだ。しかしMさんは「そんな怖いこと調べられるか!」と激高。この話は二度としないように!と釘を刺されたとのこと。

なお、この号は編集部に一部しか残ってなかった。他の号と一緒に大切に保管していたのだが、数年後に経営が破綻した際に回収業者がフィルムごとすべて持っていってしまった。こうして現実世界には存在しない女性が写り込んだ貴重な雑誌は手元から離れてしまった……。

つり人別冊の取材で体験

あれから編集部を渡り歩いて、今は縁があってつり人社から仕事をいただいており、毎月フィールドに繰り出して写真を撮っている。そして、私が編集に携わった『パワーオブスネークヘッド』というラ

長良川で開催されたアユ釣り大会を紹介した問題のページ

イギョ釣りの魅力を紹介する別冊の取材で、不思議な出来事に遭遇した。

　それは6年前の10月4日。ライギョ釣り師の高井主馬さんの釣行に同行したときのことだ。この取材には共通の友人である丸山洋行さんがサポートに付いてくれた。朝から昼までライギョを釣り、夜は雰囲気のある山奥のキャンプ場に泊まってバーベキューを楽しもうというものだった。ライギョ釣りを交えたアウトドアライフを提唱しようというコンセプ

現存した貴重なF誌のバックナンバー

トだった。

高井さんは里山の風景を愛でながらライギョをキャッチ。グラビアに掲載するだけの写真も撮れたということで納竿。高速を乗り継いで大きく移動してキャンプ場を目指した。なお、キャンプ場の名前などもすべて分かるのだが、ライギョ釣りが秘匿性の高いジャンルなので、エリアが分からないよう場所や実名を出すことはお許し願いたい。

キャンプ場に到着する頃には日も暮れて、高井さんと丸山さんは急いでテントを張って食事の準備に取り掛かった。私はその準備風景などを撮影していた。夜に天気が崩れるという予報通りに雨が降りはじめ、タープを雨粒が叩いた。10月の初旬とはいえ標高が高いので冷え込みも厳しく、すでに管理人も撤収。キャンプ場は我々3人だけの貸し切りとなっていた。

さっそく肉を焼いてビールを喉に流し込む。日中のライギョ釣りを振り返りながらライギョ釣りの話は夜遅くまで続いた。写真を撮りながらほろ酔いで高井さんを正面にして丸山さんと私が並んで釣り談義に興じていたとき、突然背後で男性のうめき声が響いた。

丸山さんにも聞こえたらしく「何ですか……今の?」と顔を見合わせる。高井さんには聞こえていなかったようだ。すぐ背後に迫っていた森の中を調べてみたものの、山奥のキャンプ場に通りすがりの人などいるわけもない。得体の知れない恐怖に包まれたが、今夜はここで寝るしかないので3人は腹をくくって各自のテントに潜り込んだ。

それだけの話なのだが、取材から帰ってパソコンに写真を落とすと、キャンプ場で撮影した1枚に不可解な光跡が写り込んでいた。外灯もないので蛾が反射しているわけでもない。この光跡と男性のうめき声を結びつけるのも安直な話だが、時間的にも近いので何か関係があるのかも知れない。

そして、その写真に写り込んだ得体の知れないモノに対して、私は恐怖ではなく怒りを感じていた。せっかくの雰囲気のいい写真を台無しにされて「金

ここまで鮮明に写っている写真はこれまでにないのではないだろうか。デジカメと現在の印刷技術だったら、表情も細かく読み取れたことだろう

を使って撮影してるのに勝手に割り込むんじゃないよ！」と……。

編集作業ではデザイナーさんにフォトショップを使って謎の光を消してもらってグラビアで使用した。それは47ページのいずれかの写真である。

15年ぶりに彼女を拝む

別冊は無事にリリースされ、ライギョ釣りに精通する名古屋の老舗ルアーショップおおのに顔を出したときのこと。

広告のお礼を言い、そして、そのキャンプ場で体験した話からの流れで「そういえば昔、F誌でも女性が写り込んだって話がありましてね」と切り出した。すると渡辺香佐店長から「アユ釣りの心霊写真ですよね？　知ってますよ。その号も家にあるはずです」と驚きの言葉が返ってきた。当時のF誌はライギョ釣りに力を入れており、貴重なライギョ釣りの資料として保管してあるというのだ。

その話を思い出し、この原稿を書くにあたって問題のF誌を貸していただいた。久しぶりにページをめくると、夏号とあってグラビアも中面もアユ釣り一色だ。どの広告も懐かしい。アユザオにズーム機能が搭載されたばかりの時代で、アユ釣りの広告だけで何と16ページもあった。何とも輝かしい時代だ。

問題のページを開くと、そこには記憶通りにボーダーシャツを着た三つ編みの女性が選手に寄り添っていた。もはや恐怖というより懐かしさを感じさせる。長良川で彼女は今も元気にしているだろうか……。

それにしても、何度拝んでもインパクトがすごい。いくら心霊現象は体験していても、一眼レフで心霊写真など撮れるはずがない。そう考えていた私の考えを真正面から叩き潰してくれた彼女に感謝である。いつか、私も圧倒的な説得力のある心霊写真を撮りたいものだと思いながら、懐しのF誌をそっと閉じるのであった。

闇から覗く白い眼

気が付くと仮眠している
車のハンドルの下に闇が広がっていた。
そしてその闇はゆっくりと這い上がってきた——。

栗原 宗康
くりはら・むねやす
物心ついた頃から釣りを始め、磯、船、渓流と幅広いジャンルを経験。釣りと魚好きが高じて大学では魚類の生態学を専攻。現在はバス、シーバス、ライギョなど身近なルアーターゲットに翻弄される日々。キャスティング黒崎店店長。水辺の不思議体験も豊富。

この世のものとは思えない黒さ

山口県下関市に位置する木屋川の河口にシーバス釣りに行った際の奇妙な出来事について綴りたいと思う。

それは今から10年ほど前、6月の蒸し暑い日の出来事だ。仕事を終え、新規開拓したてのエリアを攻略しようと徹夜で釣行すると、エリアの特徴を捉えながら、日の出までに80㎝オーバーのシーバスを頭に複数本の良型をキャッチすることに成功した。

午前10時を過ぎて太陽も気温も高くなるとシーバスの反応も鈍くなってきたので、次の時合まで休憩をとるかと、日陰になる橋の下に車を止めて仮眠に入った。

蒸し暑い6月の日中、車内のエアコンを効かせながら運転席のリクライニングを斜めにして眠ること1時間。妙な息苦しさで目が覚める。全身から噴き出るような汗に不快感を覚えると同時に「金縛り」にあっていることに気付く！

生涯、初めての金縛りに動揺しつつも、外の様子を伺いながら金縛りが解けるのを待っていると……何処からともなく〝視線〟を感じる……。視線のヌシを探そうと、動かない身体に苛立ちを覚えながら、視線を感じる足元の方へ自分の視線を動かしていくと……。

アクセルペダルとブレーキペダルが見え、その周囲から〝黒い物体〟が這い上がってくるではないか！

それはこの世のモノと思えない黒さで、まさに〝闇〟である。そしてその闇が「長い髪の女性」であることに気付くのに時間はかからなかった！

漆黒の闇のような黒髪の下から作り物のピンポン玉のような真っ白な眼がこちらを見つめ、その長い髪を振り乱しながら足首、スネ、ヒザ……と徐々に這い上がってくるのが解る（まさに映画リングの貞子を想像してもらえれば）。

しかし金縛りに遭っているため、逃げたくても逃げられない。この状況にパニックになりかけた時……。

今もあの眼が脳裏から離れない

「リリ～ン!!」ジーンズの左ポケットに入れていた携帯電話が鳴った！

自分の視界に入る〝左手〟に「動け！頼む、動いてくれ！」と願をかけると指先が微かに動く。そのまま左手をゆっくりジーンズのポケットに運び、携帯電話を掴んで、やっとの思いで着信に応えたのだった！

「どう？　釣れている？」

携帯電話越しに、釣り仲間のHさんがそう聴いてきたため、動揺しながら「あぁ……釣れていますよ…」と答え、今さっき起きた出来事をマシンガンのように話していると、いつしか金縛りが解けていることに気付いたのだった。

「夢でも見ていたんじゃないの？」

と言って携帯電話の向こうのHさんは笑っていたが、車のシートがビショビショになるほど汗をかいていたのも事実であり、今でも鮮明に〝闇から覗き見る白い眼〟が脳裏から離れない。あの出来事は夢ではなかったと今でも思う。

22年ぶりに再会した少女

もしその少女の忠告を無視していたら——。
不思議な体験は人生で二度しかない。
そして三度目があるとすれば来年だろうか。

湯村 武広
ゆむら・たけひろ
宮崎県在住。マイボートを駆っての青もの釣りから地磯・堤防のハタ、メバル、川は源流のヤマメから河口のシーバスまでなんでもござれフィッシングジャンキー。

忠告

それは昭和52年、僕が小学校4年生10歳の頃の出来事だ。

場所は実家近くの福岡県に実在する通称「ロケット公園」と呼ばれている児童公園。なぜロケットと呼ばれているかと言えば、当時は最新だったであろう鉄製のジャングルジム型の大型滑り台が設置されていて、その中央部が当時の小学生男子に大うけの宇宙ロケットの形をしていたからである。

この公園は小高い山の頂上にあり、そこへは砂利路の九十九折りを進む。周囲は木々に囲われており、虫取り網や籠を持参で山からの不意のプレゼントを期待しながら山頂へと進む。しかし実際にはカブトムシなどの甲虫類が好むような木々は少なく、出会うと言えばカーカーと無遠慮に叫ぶ行儀の悪いカラスか大きなアオダイショウが関の山。それでも僕らクソガキはそのプレゼントというのか、アクシデントを大いに楽しんだ。そして、山頂の近代的な遊具で遊び笑い転げるのだった。

その反面、どこか陰な雰囲気を醸し出すのもこの公園の特徴である。何故かと言えば、ひとつには山道が暗い。木々は間伐されず枝は伸び放題。山道から上を見上げると明るいはずの空を遮る枝葉が複雑に重なり合い晴天なのに暗い。また足元には葛のツタが伸び、転落防止のガードレールは雑草でほぼ見えない。陰湿というより陰鬱なのだ。

上り下りは頂上の近代的な明るさとは正反対。この雰囲気も手伝ってなのか、遊具に飽きただけなのかすぐにここはクソガキ連中の不人気エリアになってしまった。

僕がなんの魂胆か、友人とそこを訪れたのは、初秋のまだ蒸し暑さの残るとある日のことだった。山頂の公園で何をして遊んだかも忘れたが、気になっていたのは公園の隅のほうでひとり遊んでいる赤いスカートの少女。見かけない顔なので同じ学区の娘ではない。そのうち僕より社交性のある友人が話しかけるであろうとは思ってはいたが、なぜかまったくの無反応。いつしか僕自身も遊びに夢中で気にならなくなり、最後はここのお約束、公園から林へと続く獣道のような小路へ。

この先には朽ち果てた木造の民家があり、当然ながら「お化け屋敷」なる名称が付けられていた。そこを怖いもの見たさで見学後、公園へ戻りそこで理由も思い出せないけど急ぐ用事があるという友人を見送った。僕自身はまだ門限というか、帰宅時間の夕方6時には時間があったからなのか、何か興味のあることでもあったのかはこれも古い話で不明だがとにかく少しひとりで過ごした記憶がある。

目線の隅に時々その少女が入り込む。ぴょんと飛んだり、小走りしたり、しゃがんだり。異性を意識する年齢ではないし、あくまでもひとりの同学年に近そうな人として興味が無くはなかった。そうあくまでも人として……。

「あっちへは行かないほうがいいよ」

その少女は不意に僕に話かけてきた。

「あぁ、お化け屋敷ね」

僕は返した。

「危ないから!」

と少女は僕に忠告した。

ほかにもいくつかの会話があったように思う。どこから来たのかも聞いた記憶がある。詳細は思い出せないが、僕自身、子どもながらに納得したので人として理に適った回答があったのだと思う。

例のお化け屋敷が不意に崩れて崩壊した……と僕が知ったのはこの日から数日後のことだった。

視線の先の違和感

時代は進み平成に。26歳の頃に宮崎県日向市へ仕事の都合で居を構えることになった僕は淡水のブラックバスやライギョから海のルアーゲーム、特に宮崎のアカメ（現在は条例により釣り禁止）とシーバスにはまり込んでいった。

30歳前後の頃は、嫁さんとの間に授かったふたりの子どもが幼稚園から小学校低学年のまだまだ世話のかかる時期。デイゲームや遠征はほとんど叶わず、釣りといえばナイトのアカメ・シーバスゲームがほとんど。平日・休日に関わらず、夕食を済ませて子どもを風呂に入れてから毎晩のように河川や河口域、サーフへと通いこんでいた。当時この地はシーバスフリークが多く、他人の釣果を聞けば自分も負けじと盛んに通いまくっていた。

そして、こういう類のゲームを嗜んでいると、釣果以外にそういう類の話は自然と耳に入ってはくるものだ。そういう類の話とは、もちろん俗にいう「怖い話」である。御多分に漏れず、ここ宮崎県にもいくつもそういう怪異は出現してしまうようなのだ。

日向市内の河川の橋の下では人魂のようなものを見たという話を複数人から聞いた。またあるサーフではどこからともなくお線香を焚く香りがしてくるという。さらに隣町の河口部では対岸に人のようなモノが現われじっとこっちを見ているのだが、手を合わせると消えるなど。

僕の場合、幸か不幸かそういう経験がまったくなかった。それにそういう話を聞いて恐怖心は湧くのだが釣り欲のほうが勝ってしまう性質なのだ。いや正確にいうなら、感じてもいい、見えてもいい、だけど釣りの邪魔だけはしないでほしい、という心境なのである。お化けや霊や怪奇現象なんてと、どこか小馬鹿にしていた。そればかりか友人と見つけ出した秘密のポイントが他人に見つかった時には、人除けとして線香を焚いてお経のテープを流してみようなどと非常に不届きな対応を試みようとした罰当たり者でもある。そう、僕はそういった類のものについてはまったくの無信心者なのである。

そんな僕にもついに、これがそういうことなのか、と思わせる事件が発生した。32歳の年の9月後半の初秋の出来事である。場所は、日向市を流れる耳川。河口域はシーバスやアカメ釣りが有名で、上流はヤマメの聖地ともいわれる椎葉村に通じ県内外から多くのトラウトアングラーが訪れる。僕はヤマメのルアーゲームも好きで、源流域から河口域まで現在でもお世話になりっぱなしの一級河川だ。

その日は秋雨前線の影響と確か少し前には台風も通過し雨模様の夜だった。いつものように仕事後は帰宅し家族で食事をして子どもを風呂に入れる。これだけでもう夜の10時近くにはなってしまう。ちなみに余談だが、当時の僕は午前2時に帰宅したら朝7時まで5時間睡眠できるのだから翌日仕事でも問題なし、という考えだった。50代になった今は無謀過ぎてできないのだが、これが若いということなのだろう。

最下流の河口に架かる国道10号線の美々津大橋から数えて3つ目の広域農道に架かる大きな橋の下、通称「農道下」と呼ぶポイント。当時はゴロタの川原まで車入れが可能だったのでそこに駐車。釣り方としては橋の常夜灯による明暗部を攻めるポピュラーなシーバスゲームとなる。増水の影響で上流のダムが放水していたので流れが利き、やや濁ったベストな状態と判断。これはもしかしたら凄い釣りになりそうだ、という予感しかない。準備を済ませ車から30mほど離れた橋の上流部へと立ち込む。流れが思った以上に強く油断すると足をもっていかれそうだ。ゴロタ底にしっかりと踏ん張り、まずはセオリーどおり、常夜灯による明部にキャストし暗部にルアーを流し込む。予想どおり1投目から明暗の境目付近でヒット。この1尾で確信を得た。こういう状況は経験上爆釣すると。

シーバスをゆっくりと写真に収め、充分に蘇生させてからリリース。そして焦らずタバコを燻らせ、リーダーの傷をチェックしたら、再度ウエーディングしてエントリー。このゆっくりした動作がポイントを休めることになるのは経験済み。特にシーバスが群れで狭い河川内に入っている時は有効な手段だ。これを繰り返すこと2時間、すでに最大が75㎝、7尾ものシーバスをキャッチしていた。もう1尾で終了と決め次のキャストに入ろうとウエーディングしていく途中、それは不意に聞こえた。

「危ないよ!」

ハッキリと甲高い少女のような声だった。声は僕の耳に入り脳へ届いた結果、人である誰かが後ろにいるという判断を下す。僕は足を止め後ろを振り返る。けれどもいるはずであろう声の主らしき姿はどこにもなかった。

空耳か――。いや時々シカが女性のようなハイトーンボイスできキャッーと鳴くので聞き間違えたということにして一度は納得した。時計を見るともう午前1時前。充分に楽しんだし、翌日の仕事も考えて車へ戻る。ウェーダーを脱いで、タックルを仕舞い爆釣した満足感でタバコを吹かしながらポイントである常夜灯で明るい橋下の川のほうを眺める。

違和感がある。視線の左下側。

動いている。ぴょんと飛んでいる。

明暗を出たり入ったり。あれは子どもだ。

こんな時間に。赤い……。

左下側に視線を移したくない。移しては自分がダメになる。瞬時にそう思い僕はタバコを消し車に乗り込んだ。

数日間、その出来事は頭を離れることはなかった。

赤いスカートの少女――。

22年前、10歳の頃に出会ったあの娘なのか。そこに行きつくのにそう時間は要さなかった。

さらに数日後「湯村と子どもの頃あの公園で遊ん

だのは覚えているけど、女の子なんかいたかなぁ。覚えてない」という僕が送ったメールへの返信が友人から届いた。

あの日はっきりと聞こえた「危ないよ」。あれで釣りを止めていなければ……。お化け信者っぽく表現すれば、その後なんらかの事故に遭っていたのかもしれない、ということになるのか。

もし仮に霊とかお化けというものが本当にいると仮定して、赤いスカートのお化けかもしれない少女に僕は10歳で出会い、22年後の32歳で再会した。そうするとさらに22年後は54歳、つまり来年ということになる。

僕としては、あの赤いスカートの少女に再々会してみたいのである。

月夜の水面から見つめるモノ

初めての釣り場に着いて、さあこれからというとき、一瞬だがゾクゾクとするいつもの嫌な感覚が——。

桑鶴 剛史
くわつる・たけし

岡山県在住。歯科医師の傍らシーバスを夜な夜な求めて徘徊。片道2時間圏内は、ちょっとそこのコンビニ感覚のエクストリーム釣行をしている距離感のズレに周囲が引いている。とにかく水に浸かっていないと落ち着かない浸かりバカ。

嫌な感じ

もうシーバスをねらい続けて何年になるだろうか。幼少期から釣り好きな父親の影響で自然と水辺で過ごすことが当たり前となり、釣りが生活の一部としてなくてはならないものになるのに時間はかからなかった。

ブラックバスでルアー釣りを覚え、スズキの格好よさに憧れるようになり、時間さえあれば川へ浸かる。一年を通じて季節の変遷を水の中で感じるルーティーンは何年たってもよいものである。

仕事柄、夜の釣りがメインとなるのだが、幼少期のとある時期を境に身についてしまった感覚のおかげ（？）で不思議な出来事を今まで何度か体験している。その中でも特に恐怖を感じた体験を紹介させていただこうと思う。

今から16年ほど前の8月のことである。当時から夏になると高知県へ足繁く通っていた。ねらいは……高知県といえばアカメと大型のタイリクスズキである。町中を流れる川～太平洋に注ぎ込む大河川にまで豊かな自然が育む大魚が生息し、夢を追いかけて夢中になっていた。

遠征前日まで四国一帯は雨が降り、増水に絡んで魚の顔が見られるのではないかと浮足立ちながら、釣行を共にする友人のNとラインやフックを新品に交換しつつお互い期待に胸を膨らませていた。そんな中ふと私はどうしても気になったことがあり、Nに「なあ、いつもは高知市内や浦戸湾じゃないか。せっかくの雨絡みだし、仁淀川でも行ったことのない所へ行かないか？」と言うと、もともと開拓精神旺盛なNも「いいねえ。やったことのない場所へ行くだけでも最高じゃないか！」と二つ返事で快諾してくれた。

当日は遅めの朝食を車中で取りつつ、昼過ぎには高知入り。脇目もふらず仁淀川へ車を走らせていた。車中でNに「おいちなみにどこへ行くつもりなんだ？」と聞かれ、「J文字と呼ばれる場所があってね。河口から3㎞くらいのところで川がちょうど蛇行していかにもアカメやスズキが釣れそうな雰囲気がありそうなんだ。ただ詳しい場所がよく分からないから今から探そう」と伝えた。当時はナビ付きの車に乗っていなかったため、マップルを片手に河口から上がりながら探したが、だだっ広い河原と鬱蒼と茂った昼間でも暗い川沿いの茂みだけが延々と広がるだけであった。それでも何とかここであろうと思われる場所を見つけた時にはすっかり日も落ちていた。

潮汐表ではまだ満潮から下げに変わるには時間があったため、満潮を迎える深夜に戻ることにして食事をとりしばし休憩することにし、車中でルアーを選んだりしながら過ごしていた。満潮時刻1時間ほど前に仁淀川に戻り、昼間に見つけた川土手を車で降りている時だった。自身が霊体験に遭遇するときに決まって感じる嫌な感覚。一瞬だがゾクゾクとするものを感じたのである。

Nは私が見える人であることを知っていたため、「おい……なんだか嫌な感じがする……いつものアレを感じた。やっぱり止めないか？　この時間まで待って悪いんだけど……」と伝えた。しかしNは

「久々の遠征やし、今日は満月で明るいし大丈夫やろ！　気のせい気のせい！」と引き下がらない。まあそりゃそうである。時合の潮待ちまでしていたのだから。しかも遠征で来ている以上、余計に釣りがしたい気持ちが勝るのは致し方ない所でもある。

私はまるで気が乗らなかったが、「分かった。そうだよな。気のせいってこともあるだろうし、やろう！」と車を止め準備に入った。前日までの雨が嘘のように深夜の空に雲はなく光輝く月明りの中、お気に入りのルアーであるレアを結んだ。高知に来ると、このルアーを投げることが本当に楽しい。「さあ行こうか」と、うだるような暑さの中、虫が集まるので月明りを頼りにヘッドライトを点灯させず20分ほど河原を歩き続けた。ウエーダーの中はさながらサウナスーツ状態である。もうこの頃には土手下を降りたときに感じた嫌な感覚のことなど忘れてしまっていた。目の前に広がる川の流れと地形変化の生み出す如何にもな雰囲気にシーバスアングラーとしての感覚のほうが勝っていた。

Nの「どっちが先に釣るかな⁉」の言葉に私は「サイズ関係なしで先に釣ったら明日は一日飯を奢ってもらうことにしよう！（笑）」と返しファーストキャストを決めた。新品のラインは本当に気持ちよく飛ぶな……と思った瞬間だった。宙を舞うラインがいきなりスッと切れた。

最悪なことに巻いたばかりのラインがかなりおかしな所から切れたのである。しかも当時はもう手に入ることすら難しくなっていたレアごとである。私の変な様子に駆け寄ったNに伝えると「傷でも入ってたんじゃないか？　ルアーなくなったのが痛いな……リーダー結ぶ間に先に釣っとくわ！」といたずらな笑みを浮かべながら釣りをし始めた。

私はトラブルがあった時に便利なことから、リーダーを組んである予備スプールを持ち歩く癖があったのだが、この時ハッと気が付いた。あーやってしまった。今日に限って車に忘れてきてしまった。

仕方ない……虫と格闘しながらリーダーを組みなおすか……。そう思いつつ、ふと何気なく川面に視線を戻した時だった。あの河原を降りている時に感じた嫌な感覚。それをまたゾクゾクと感じた。と同時に「ん？　なんだアレ？」と思わず口にした。距離にして十数mくらいの所に月明りに照らされたブイのような何かが浮いているのに気が付いた。昼間に下見したときにブイなんてあったとは気が付かなかったな。この時はそう思った。

後ろを見ないで走れ！

しかしすぐさま異変に気が付いた。増水の影響で川の流れはそれなりに強かったのである。しかも大潮の下げ潮である。そんな強い流れの中であればブイであればユラユラと動くはずである。私は直感的にヤバイ！と感じつつも再び恐る恐るソレに視線をやった。

月明りに照らされたソレは強い流れの中でも微動だにしていない。そして気が付いてしまった。水面から出ている部分は明らかに顔だったのである。それも髪の毛と思しきものを風にたなびかせ、口元が隠れるくらいの所から上が水面から出ていたのである。そしてソレと私は目が合ってしまった！

ヤバイヤバイやばい！　絶対にこの世のものではない!!

そう思った瞬間、目が合ったソレがこちらに向かって水の中を一直線に向かってきたのである。

「Nヤバイ！！！！走れ！！！！とにかく後ろを見るな！！！車まで走れ！！！！！」

思わずそう叫ぶとウエーダーを履いていることも忘れて、一心不乱に河原を車まで逃げ帰った。

這う這うの体でふたりは車まで戻り「やっぱり俺の感覚は間違ってなかった……やっぱりここはいたらいけない！」と言うとNは「すまん、すまん！言うこと聞いとけばよかった……」とひたすら謝ってきた。

とにかく早く離れようと急いでタックルを片付け車に乗り込もうとした時である。背筋がさらに凍り付いた。運転席側のフロントタイヤのすぐ横に、真新しい白い菊の花束と、徳利が2本置かれていたのである。

　釣りをするため着いたばかりの時にはまったく気が付かなった。私は声にならない声で車に飛び乗りエンジンをかけ車を方向転換させ前を見た瞬間、フロントガラスと運転席側のガラスに手形が無数に着いているのにも気が付いた。もう無我夢中とはまさにこのことである。

　深夜の山道をひたすら飛ばし、バックミラーを一度も見ることなく高知市内に戻ってきた時には全身の力が抜けてしまっていた。とりあえず何かで清めようとコンビニで塩を買い、お互いの体と車に振りかけ、知っている念仏を唱え続けた。

　もう二度とあの付近には近づきたくない……。そうふたりで話しつつ釣りを殆どできなかったNは「市内に戻ってきたし、せっかくだから国分川で釣りしよう」と呑気なことを言ってきた。私も渋々承諾し某有名ポイントに行くと珍しく人がいない。

　Nが先に入っていいと言ってくれたのでルアーを投げると1投目でいきなり90㎝オーバーのタイリクスズキが釣れてしまった。この後、私は釣りを即止め、Nが釣りをするのを見ていたが、Nはお約束のようにボウズで終わった（笑）。これだから釣りは不思議なものである。

　後日、事実かどうかは分からないが、あの場所は水難事故が過去に何度か起きているという話を聞いた。事実であれば、最初の坂道を降りていくときに感じた悪寒は、私たちへの警告だったのかも知れない。しかしおかげで大きなスズキのお土産もついてきた。

　それからというもの、私は霊体験の直前に感じるゾクゾクする感覚を覚えた時にはその場から引き返すようにしている。それでも出会うときは出会ってしまうのだが。

　水辺には霊が集まるといわれる。いわくつきの場所は魚がよく釣れるともいう。いろんな意味で釣りという遊びには止められない魅力があるのは間違いない。

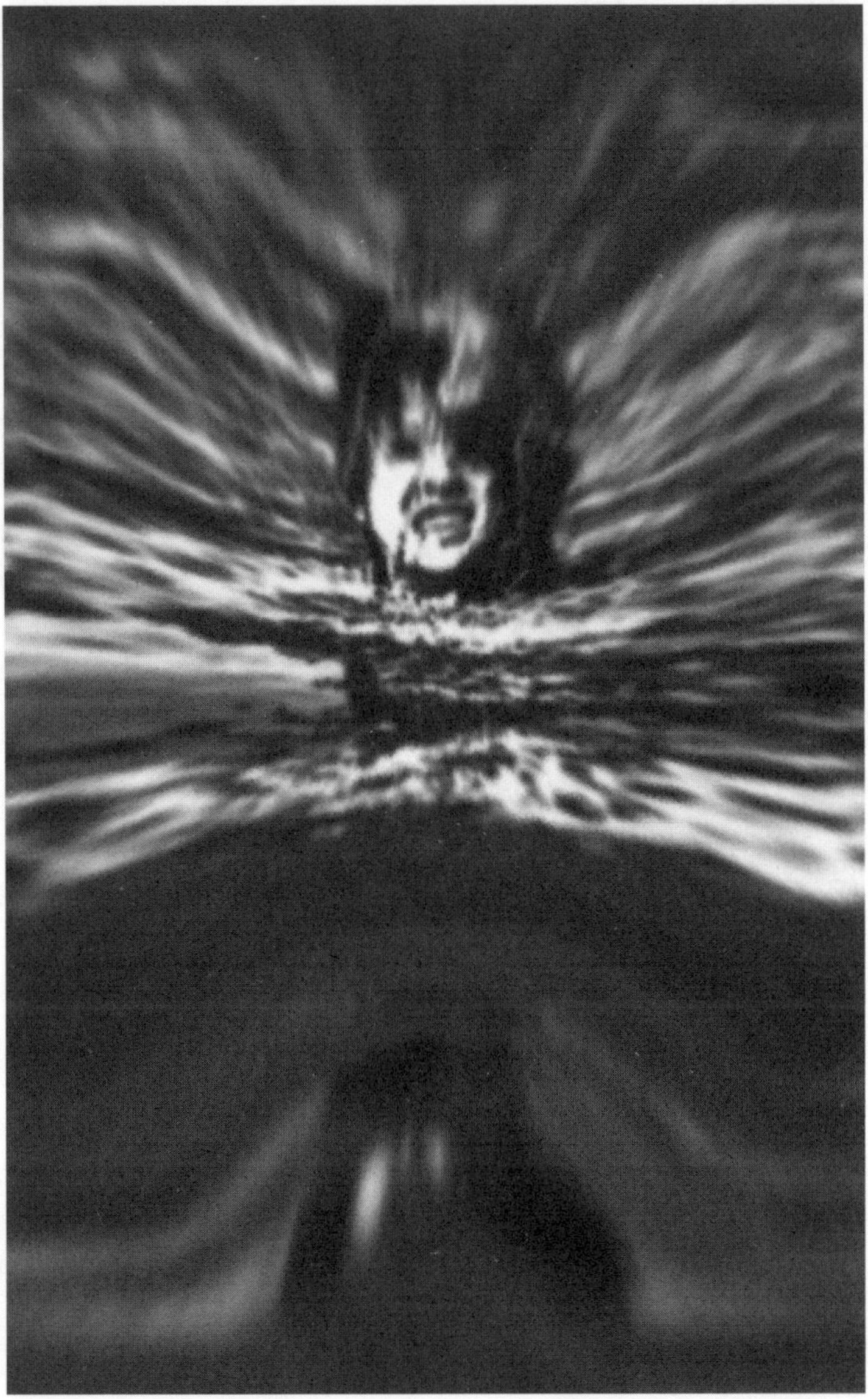

奥多摩の霊

奥多摩の山中、第六感が釣り人にささやく。「もうここから立ち去れ」と……。

楽に抜けられる場所なのに……

釣りは自然を相手にするもの。しかも私のやっている源流釣りは、かなり自然と密着した遊びだ。普段生活している環境から離れ、そのような場所にいる時には、こちらの感覚も鋭くなるのだろうか……。

もとより霊感という言葉にはほど遠く、世俗にまみれて生きている私。普段の入渓で怖い思いをしたといえば、落石や転倒、クマやハチとの遭遇など、現実的なものに限られていた。

そんな私が、奇妙な感覚にとらわれた日があった。

数年前の解禁当初、奥多摩のとある渓にひとりで入渓した。釣りを開始して1投目、良型の魚が掛かった。その直後にも魚が釣れ、1時間後にはツ抜けしてしまった。

こんな状況は、普段の激戦区の奥多摩の渓ではまずありえない。

「なんだか今日はすごいことになっているな～」

そう思いつつ、そのまま遡行を続けて小さなゴルジュ帯に到達した。

何度か通っている場所なのに、その時に限ってなぜだか足場が見つからない。仕方がないので大きく巻いていこうと左手の岩に上がったら、進退窮まって後にも先にも動けなくなってしまった。たしか過

吉田 孝
よしだ・たかし

1960年生まれ。吉田毛鉤代表。調理師免許を持つテンカラ釣りのベテラン。奥多摩を中心に、源流域の釣行を重ねている。テンカラ釣りの普及に努め、週末になるとTOKYOトラウトカントリーでレクチャーをすることも多い。

去に増水した時、同じルートに上がったことがあるはずだったが、下りるルートが見つけられなかった。

この時動けなくなった場所は、川から4mほどの高さだったため、持っていたロープを出し付近の木に引っ掛け、それを伝ってもとの場所まで下りてことなきを得た。だが、虫の知らせというやつだろうか。いつもと違うあり得ない釣果と、何でもない場所で動けなくなったことで、何かに呼ばれているような気がして怖くなり、早々に帰途についた。

何度出ても掛からない？

これも数年前、やはり奥多摩の別の渓流に行った時のことだ。この渓は登山道に沿っていて、霊感の強い登山者の間では「何かある」という噂の場所となっていた。

その日は曇り空で湿度も高く、車止で釣りの準備をしていると、しっとりとした空気が身体にまとわりついてきた。私のやっているテンカラ釣りは、水生昆虫を模した毛バリを使う釣りだ。水生昆虫の羽化が多く見られる、曇って高い湿度の日は好条件である。

「今日の釣りは、悪くないだろうな」と思いながら杣道（そまみち）を歩き始めた。

入渓点に到着し、通い慣れたこの渓の景色を眺め、一息ついてから釣りの準備をした。

渓に立ち、毛バリを流れに振り込むと、ほどなく魚が毛バリに飛び出た。しかし痛恨のフッキングミス。ただ「今日は幸先がいいのでは」と、この時思った。なぜかといえば、魚影も濃くなく、魚もスレ気味なこの区間での釣りは、通常半日の釣行で2、3尾の魚が釣れたら満足して帰っていたのだ。入渓直後のアタリは、その後の釣りを連想させ、ありがたく思えた。

気を取り直して毛バリを振った。次は掛け損なわないようにと、落ち着いてラインと毛バリに意識を集中した。するとまた魚が出た。食い気のある魚で、表層に勢いよく出てきた。そこで「ヨシッ！」とアワセを入れたが、手元にブルッという感覚だけ残して、またしてもハリ掛かりしなかった。

さらに上流へ進み、私はサオを振った。

バシャ！

「ヨシ！」

……掛からない。

3回魚が出て、3回ハリに掛からない。そこで一度釣りをやめ、休憩しながら掛からなかった理由を考えた。それが自分のせいなのか、魚のせいなのか。ハリの形状が悪いのか、ラインやハリスの伸びがあるのか、サオの硬さでフッキングに至らないのか。

渓に漂う冷気

サオ、ライン、ハリスは普段使用している道具なので、この日に初めて使用したものではない。思い当たる一番の原因は毛バリなのだが、それとていつも使っているものだ。根掛かりをした後などハリ先が曲がり、魚の掛かりが悪くなることもあるが、それも確認してある。毛バリに使うハリの形状で、掛かりが浅くなることもあるが、それも問題はない。しかし念のため毛バリを新しいものに交換し、「いくらなんでも次は大丈夫だろう」と、釣りを再開したのだった。

4回目……5回目……6回目。魚は出るが掛からない。さすがにこんなことは初めてだった。このころになると、若干の気味悪さを感じ始めた。

もう一息つき、ハリスを新しいものに交換した。毛バリも結び直した。飲み物を口にして気を落ち着かせた。そして再び毛バリを振った。

頭に血が上り、熱くなって釣り方が不自然になっているとも考えにくかった。あまりにも不思議だったため、冷静に釣りを続けていたのだ。

明らかにいつもと違う好反応な魚たち。それに反して1尾の魚もハリに掛けられない私。10回目を超えたころだったろうか、霊感などまったくない私が背筋に寒気を感じ、このままこの場所で釣りを続けていたら、何か悪いことが起こるような気がしてき

たのでサオを畳んだ。結局この日は十数回魚が出たにもかかわらず、たったの1尾もハリ掛かりしなかった。

それまで釣りに夢中になっていた私だったが、ふと周囲を見渡して、渓の雰囲気がいつもと違うことに気づいた。私以外には誰もいないし、風景自体は見慣れている。しかし、どことなく異変があるようなのだ。背筋がゾクゾクとして、後ろが気になる。不気味に思って退渓しようとしていたところに、後方から「吉田さ〜ん」と私を呼ぶ声が聞こえた。

先に言っておくが、この声は霊の仕業でもなんでもない。その場所に私が入渓するという情報を知っていた仲間の1人が、別の区間に入り、後にどこかで合流しようとして、私に追い付いたのだった。

後続の仲間と出会った時、私はなぜかほっとした。すると仲間の口からは、こんな言葉が出た。

「実は今日、釣りを開始した直後から魚が掛からず、しかも渓の雰囲気が悪いので、怖くなって退渓しようと慌ててここまで上がってきたのです」とのこと。

同じ日に同じ渓で、別の場所にいながら同じような感覚にとらわれる。口裏を合わせたわけでもない、仲間のその話を聞いた私は、鳥肌を立てながら自分のことを話した。

渓で出会った男性

それからしばらくして、再度奥多摩へ釣行した時のことだ。川沿いの駐車スペースにほかの車はなく、どうやら貸し切りで釣りができそうだった。ほくほくして準備をしていた私だったが、そこへ1台の車がやってきた。こんな早朝に来るのは、釣り人だろう。少し残念に思いながら、どこへ入る予定なのか確認するために、私は車に近づいた。

降りてきたのは、中年の男性。釣りに行くような服装ではない。

「釣りですか？」

そう声をかけると「いいえ」という返事。聞けば登山でもないという。ほっとしたが、なぜこんな時間に……という疑問が湧いた。するとその男性は、少し言いづらそうに次のような話をはじめた。


「そこから出ろ……」


「以前、この付近にトイレがあったと思うのですが……。どこだかご存知でしょうか？　実は私、そこへ花を捧げようと思っておりまして……」

数十年前のこと、とある撮影のために、男性はこの場所を訪れたらしい。当時は駐車場があり、岸壁の下にトイレがあったという。山に入る前に、そこで用を足していた男性だったが、そこで不思議な体験をしたそうだ。

「……トイレにいると、『そこから早く出ろ』という声が聞こえたんです。私は同行者が急かしているのだと思い、外へ出ました。すると仲間たちは遠く離れた場所にいて、しかも近寄って聞いてみると、誰もそんなことは言ってないと……。不思議に思ったのですが、そのまま私は山に向かいました」

下山した男性は、その数日後に驚くような話を聞いた。例のトイレが巨大な落石によって潰され、中にいた方が亡くなったというのだ。どうやら男性が訪れていたのとほぼ同じタイミングで、事故は起きてしまったらしい。

トイレから出るように急かした声が、いったい何だったのか……。その声がなければ、もしかしたら私が事故に遭っていたのではないか……。今考えても不思議です、と男性はつぶやいた。

空耳なのか、虫の知らせなのか……。奥多摩では何か不思議な力によって、私たちは助けられているのかもしれない。私がイヤな気配を感じて釣りをやめたのも、何かが危険を告げていたのだろうか……。

黄色い布

背後で揺れる黄色い人影は自殺者の霊だったのか……。

鷹野 啓一
たかの・けいいち
1975年生まれ。東京都府中市在住。渓流釣り歴15年ほど。エサ釣りのほか、テンカラやルアー&フライフィッシングも好き。年に数回、野営しつつのんびり源流を歩くのを楽しみにしている。霊感はほとんどない……はず。

サオ抜けに入る

たしかその年は、台風が多かったと記憶している。渓流釣りに行きたくても、川はなかなか水が引かず、そろそろ釣りができそうかな……と思うころにまた土砂降りの雨という悪循環。休みのたびに、空を見上げて恨めしく思っていた。

それでも、どうにか水が落ち着いてきた日曜日。私は関東の某河川に出掛けた。最初に着いた橋から川のようすを見ると、平水より20㎝ほど高い。それでもニゴリはなく、釣りはできそうだった。ホッとしてポイントへと車を走らせた。

この川は谷が深く、川に下りられる場所が限られる。しかし地元の知り合いから、よほど詳しい人でないと知らない入渓点をいくつか聞いていたので、私はそのなかのひとつに向かった。

駐車スペースにほかの車がないことに安堵して、支度を整えて歩き出す。久し振りの川に高揚しつつ、しばらく道路を歩いて入渓点を捜した。目印は、林業に使われていたらしい崩れかけた作業小屋。そこから20mほど上流に歩くと、かつて使われていた杣道がある。といっても、今はほとんどヤブに埋もれているので、ヤブをよく観察して、わずかな切れ目を捜さないと見つからない。たしかにここなら、サオ抜けになりそうな場所だった。

前回来た時よりも、ヤブはさらに濃くなっていた。小屋からの位置関係を確かめ、何度か付近を往復して、ようやくそれらしき跡を見つけた。踏み込むとクモの巣が絡み、先行者は間違いなくいないようだ。なにしろこの下流2.5㎞ほどは両岸が切り立った崖で、上流も半日以上歩かないと道に上がれる場所はない。ここで人の痕跡がなければ、間違いなくポイントを独り占めできる。

増水で釣りにならなかったので、釣り人はしばらく入っていないはずだ。これはきっと爆釣に違いない……。そう思って、高低差が80ｍほどはある急な斜面を慎重に下りた。

ドスッ！

初夏の日差しの下、冷たく澄んだ水が流れている。６ｍの渓流ザオを伸ばして、仕掛けをセットする。大石が入った瀬を流していくと、しばらくして７寸ほどのヤマメが釣れた。やはり状況はいいようである。

大岩を越えると、大きな淵がある。オモリを増やし、丁寧に探ったが、いかにもという場所でアタリがない。しばらく粘ったがウグイすらも出ないので、諦めて上を目指した。

その後はポツポツ釣れたのだが、思ったより数も型も伸びない。絶好と思えたのに……と思っていると、急にあたりが暗くなった。見上げると、灰色の雲が空を覆いかけていた。時刻は11時。予報では夜までは持ちそうだったのに……。雨が降るほど厚い雲ではなかったが、増水すると危険な場所なので、早めに釣り上がることにした。

正午を過ぎたころ、はるか頭上に架かる橋が見えてきた。ここからは２時間もあれば、道に上がれる場所に着く。まずは昼食を食べることにした。

お茶を飲みながら、橋脚のある岩の上でのんびりしていた時だった。

突然背後の河原で、ドスッ！と大きな音がした。びっくりしたあまりむせるほどの大きな音に振り返

った。

しかし……別に何も変わったようすはない。動物……ではないようだ。橋から何か落ちてきたのかと見上げたが、上のようすは分からない。もし誰かが何かを落としたのなら、これほど危険なことはない。橋は目測で80ｍほど上にある。小石が落ちて当たっても大事になりそうな高低差だ。

結局そこでは何も見つからなかったのだが、私はその時、この場所を教えてくれた人に聞いたイヤな話を思い出していた。

橋の下

仮にAさんとしておこう。その地元の方に釣り場を案内されている時、こんな話を聞いた。

「この下流にある集落の娘さんが……当時たしか20代だったと思うけど、この橋から飛び下りてしまってね……。行方不明になって3日経ってから、橋の下で見つかったんですよ。それがね、見つかったのが、橋より20ｍくらい上流側だったんです。いくら高低差があっても、そんなに飛べるわけがない。後で分かったことなんですが、どうやら落ちてから1日くらい、生きていたようなんです」

80ｍの高さから落ちて生きているとは……と驚いたが、その苦しさを思うといたたまれない思いがした。そう、私がのんきに食事をしていたのは、ちょうどその橋の下だったのだ。

それを思い出したとたん、背筋が寒くなった私は、改めてあたりを見渡した。間違いなく、自分以外には誰もいない。雲がかかって少し暗くなったが、蒸し暑い初夏の川の風景だ。何も怖いことはない……と言い聞かせたが、どうしても悪寒が収まらない。

別に幽霊の存在を信じていたわけではないが、結局私は昼食の残りをザックに入れ、早めに釣り上がることにしたのだった。

今思えば、その後のことは、そういう不安な精神状態だったせいかもしれないと分析できるのだが……。

人影？　布きれ……？

橋から30分くらいは釣り上がっただろうか。なんとなく背後が気になっていた私は、チラチラと振り返りながら、ここぞという場所だけ釣って足早に進んでいた。そして何度目かに振り返った時、私はあまりのことに息を呑んだ。私の50ｍほど下流側で、人影らしきものが見えたからだ。

ビクビクしていた私は、一瞬まさか……件の女性が？と思ったが、すぐに釣り人だろうと考えなおした。しかし……入渓点はほとんど知られていないはずだし、それより下流から釣り上がってきたのなら、追いつかれるとは思えない。

でもまあ、私が知らない入渓点がほかにあるかもしれないし、未明から釣り上がってきたのかもしれない。

いつもなら、せっかく川を独り占めしていたのに……と思うところだが、イヤな記憶がよみかえった後で現われた道連れにどこか安堵もした。それなりに釣果はあったので、私はその人に先を譲ろうと、下流に歩き出した。

しかし……人影と思ったものは、その場から動かない。よく見ると、黄色っぽい布きれが岩に引っ掛かっていただけで、それが人に見えただけのようだ。なんだ……と思っていると、突然その布がスーッと下に落ちていった。

別に風が吹いたわけではない。その布きれの動きは説明しにくいが、私にはどうしても自然なものには見えなかった。

それを見て、私は改めてゾッとしたが、それでも人影に見えた布きれと、その不自然な動きが気になって、私は近づいて確認することにした。

水中で揺れる黄色い影

布が引っ掛かっていたと思われる岩は、近づいてみるとほとんど垂直に切り立っていた。何かが引っ掛かるような出っ張りは見当たらない。その下は流れがほとんどない淵だ。布が沈んでいるかも……と思って、のぞいた時だ。

ドボーン！

私のすぐ横で、突然大きな水音が響いた。こちらはびっくりしたなんてものじゃない。腰を抜かすとはこのことだろう。音がした右側を見ると、大きな岩があって、その陰で何かが落ちたようだ。大きな波紋が淵に広がっていった。そしてその波の下にゆらめくのは……さっき見た布と同じような、黄色い影。水面で、しかも波立っているのではっきりとはしなかったが、その布は流れがほとんどない淵のはずなのに、こちらに近寄ってくるように見えた——。

その後のことは、とにかく夢中になっていて記憶があいまいだ。私は河原を走るようにして、上流を目指した。背後が怖かったが、見ないのもまた怖い。何度か振り返ったが、黄色い布も、人影も見えなか

った。
ようやく道に出て、車に急いだ。しかし当然ながら、戻るにはあの橋を渡らなければならない……。私は手を合わせ、意味があるのかよく分からないままに南無阿弥陀仏……と唱えながら、橋を駆け抜けたのだった。
この話は、その後Aさんにはしていない。もし、亡くなった女性が黄色い服を着ていたと聞いてしまったら……と思うと怖くて仕方がないからだ。そして当然だが、この川にはその後一度も入っていない。

ワンピースの女性

どう考えても、この場所に女性がいるはずはない……。

チャンス到来

これは今から10年ほど前の話。私は山梨県にある暗い山道で、とある川に向けて車を走らせていた。季節は6月に入って梅雨入りした直後で、小雨が降っていた。

まだ暗いうちに、目的地の川に到着。ライトを照らして川を眺めてみると、昨夜から降り続いた雨の影響で軽く増水して、うっすらニゴリが入っていた。春先から減水状態が続いていたので、この雨はまさに恵みの雨になるはずだ。

「このようすなら、いい魚が釣れそうだ」

私はこの後の爆釣を思い浮かべながら、ワクワクしていた。増水とニゴリを考慮して、ルアー釣りを選択。さっそく支度に取りかかった。渓流沿いの道をしばらく下ってから釣り上がることにして、落石のため車両侵入禁止になった道を歩いた。

あたりがようやく明るみだしたころ、車止から500mくらい下った場所を入渓点に決めた。道から約20m下を流れる川に向かって、備え付けのロープを手繰りながら慎重に下りた。

この日は朝から気温が高めで、湿度も高く、すぐに汗だくになった。しかしそんなことは気にせず、最高のコンディションの川を前に、いても立ってもいられずに、すぐに釣りを開始。まずは淵から流れ

内藤 学
ないとう・まなぶ

1982年生まれ。山梨県北杜市在住。小学生のころに富士川でハヤ、アマゴ釣りを覚え、中学から高校にかけてルアー釣りを始める。その後はカープフィッシングに転向。ホームグラウンドは河口湖。チームユーロ所属。

出すチャラ瀬の石裏にできた淀みに向けて1投。ルアーが流心から淀みに入る瞬間、ククッと軽快なアタリが手もとに伝わってきた。

「来た来た！」

軽くアワセを入れて慎重に寄せる。差し出したネットに吸い込まれたのは、いい色合いの7寸ほどのイワナだった。

1投目からのヒットに気をよくした私は、次の魚を求めて釣りを再開した。しばらく釣り上がる間に、数尾のイワナがルアーにアタックしてきた。あいかわらず湿度が高く、汗だくなので少し小休止を取ろうと、背負っていたリュックからペットボトルのジュースを取り出した。

散歩……？

大きな石の上に陣取りジュースを飲んでいる時だった。川から15ｍくらい上にある、先ほど歩いてきた道を下ってくる人影を見つけた。他の釣り人が来たのだろうと、何の気なしに眺めていたが、何やらようすがおかしい。まだ薄暗いなかで徐々に近づく人影は、小雨が降っているのに傘もささずに、うつむきながら歩く女性だった。顔が隠れるほど長い黒髪は、腰のあたりまで伸びていた。服装は白いロングのワンピース。この山道にはおよそ似つかわしくない格好だった。

まだ薄暗い山道を、傘もささずに何をやっているんだろうか？　散歩か？　いやいやこんな時間のこんな山道に散歩はあり得ない。何か事件に巻き込まれたのか？　そのわりには、その女性は焦っているようすもなかった。「生気がない」、そんな感じだった。

なんともいえない恐怖を感じた私は、軽いパニックになりながらも、謎の女性が見えなくなった後も、下って行った道の先をしばらく眺めていた。

5分くらい眺めていただろうか？　その女性が再び登ってくることはなかった。

「きっと上流にある別荘の人が散歩でもしていたの

だろう」

私は都合よく決めつけ、釣りを再開することにした。本当は今すぐにでも帰りたかったが、道に上がるには下流にある入渓点まで戻るか、上流にある上り口まで行かないとならなかったからだ。女性が下った下流には行きたくないので、歩調を速めて釣り上がりながら上流に向かうことにした。

要所だけルアーを通しながら上がったが、先ほど見た光景のショックでリズムが崩れたのか、その後は散々だった。雨足も徐々に強くなり、いよいよ本降りの雨になってきた。

歩けるはずがない

「この先にある落ち込みのある淵だけやったら帰ろう」

そう思い足早に目的の淵まで歩いた。いかにも釣れそうな雰囲気の淵に着き、さっそくキャストしようとした時だった。淵の対岸の急斜度の森の中から、こちらをうかがう気配を感じた。ふと対岸を見ると、何かが揺れているのが見えた。心臓の鼓動が音を立てて早まるのを感じつつ、その正体を確認するために目を凝らす。

そこには……とても人が歩けるはずもない急斜面を、ゆらゆらと揺れながら、先ほどの白いワンピースの女性がたたずんでいた。

あまりの恐怖に「ンッ……」っと言葉にならない声を出しつつ、私は後退りした。

これはどう考えても、あり得ない事態だった。女性を見た後、私は足早に釣り上がってきた。私より先に、川を対岸まで渡り、私と同じ上流まで登れるはずがない。先ほどまで汗だくだった身体は恐怖からくる寒気でガタガタと震えた。

その時、今までずっとうつむいていた女性が、すっと頭を上げようとした……。

私が覚えているのは、ここまでだ。私は叫び声に近い悲鳴をあげながら、無我夢中で上流に向かって走った。どこをどう走ったか覚えがないが、息も絶

え絶えに車にたどり着いた。すぐにポケットからキーを取り出し、車に乗り込んでエンジンをかけて走りだしたのだった。

ようやく民家があるあたりまで下ってきて気がついたのだが、タックルがない。無我夢中で走るうちに、どこかで放り投げてしまったようだ。お気に入りのタックルだったが、とても取りに戻る気にはなれなかった。

あれから10年近く経つが、その時以来、その川には行っていない。あの女性は何かを伝えたかったのかもしれないし、もしかしたら、対岸で揺れていたのは、人ではなくゴミか何かで、恐怖に取り付かれた私が見た幻想だったのかもしれない。いずれにしても、もう確認することはできないが、あの時の恐怖は今思い出しても身震いするほどだ。

自然の中ですごすと、時に思いがけないことが起こる。もう恐怖体験はこりごりだが……それでも私は魚釣りが好きだ。今年もあいかわらず、数多くの魚との出会いを求めて各地を走り回っている。

幽霊バン

本栖湖へ向かう一本道で遭遇したのは廃車寸前のバンだった。

細井 健一
ほそい・けんいち
1975年生まれ。東京都葛飾区在住。幼少のころ、父に教わったザリガニ釣りからスタートし、17歳で野性ゴイ研究クラブに入会。コイ釣りの名手・山田勲さんの弟子になる。師の教えを守りつつ、ヨーロッパスタイルにもチャレンジしている。

上九一色村

1995年6月下旬。その日はシトシトと雨が降る蒸し暑い夜だったと記憶している。

私はコイ釣り仲間との釣行会に参加するために、山梨県の本栖湖に向かっていた。世間は当時、オウム真理教が起した地下鉄サリン事件の直後で、本栖湖は教団本部や、あの第7サティアンと同じ「上九一色村」に位置する。

なぜそんな時期に、本栖湖を釣り場に選んだかは覚えていない。当時は本栖湖でコイ釣りをする人など、我々以外はまったくいなかった。その日はちょうど1000円札の裏側の景色が見えるあたりの駐車スペースが集合場所だった。

河口湖ICを降りて少し走ると外灯はなくなり、道の両側には深い森が広がる。富士の樹海だ。夜にこの道を1人で運転するのは気味が悪いので、オーディオのボリュームを上げて大声で歌いながら走り抜けた。

「本栖」の交差点を右折すると、本栖湖の湖岸道路である「本栖みち」に入る。この道路は左が湖、右が山の一本道。脇道はない。目指す集合場所はこの道の先にある。

渋滞の原因はぼろぼろのバン

真っ暗闇のなか、ヘッドライトの明かりだけを頼りに進んでいくと、連続カーブが続く先に突然、車のブレーキランプが見え、車数台がつながって渋滞になっている。時間は夜中の3時過ぎだ。こんな時間にこんな場所で渋滞？　理解ができないまま最後尾に付いて進んでいった。

次のカーブに差し掛かったところで先頭車両が見え、自分を含めて4台がつながっているのが分かった。すると直線に差し掛かった所で、2番目の車が先頭車両を追い抜いた。続いて3番目も追い抜くのだが、ここで異変に気づいた。先頭車両は白のワンボックスなのだが、明らかにようすがおかしい。リアゲートのガラスがなく、ダンボールとガムテープで目張りされており、マフラーからは真っ黒い煙が濛々と出ている。エンジンからは「ガラガラガラガラ」と普通じゃない音がしている。速度は20㎞ほどで、今にも止まりそうだ。

このまま後ろに付いていても埒が明かないので、私もウインカーを出して追い抜きにかかった。横から見るその車はさらに異様で、全体的にキズ、ヘコミが激しく、走っているのが不思議なくらいにボッコボコに損傷していた。リア同様、サイドのガラスもすべてダンボール。運転席とフロントは気味が悪くて見ることができなかった。早く離れたかったのでバックミラーを見ることなくスピードを上げて引き離した。追い抜きにかかった時間はたった数秒だったが、背中は変な汗をかいていた。

いったい何だったんだろう？　そこから数分走ると、山側に集合場所の駐車場が見えた。ほかに駐車している車はいない。私が一番乗りのようだ。予定の時間までまだ少しあるのでシートを倒して目を閉じた。弱い雨が車の屋根をポツポツと叩くなか、遠くから聞き覚えのあるガラガラ音が近づいて来た。先ほど追い抜いたあの車だ。まあ、一本道だから仕方ないと思っていると、なんとその車も駐車場に入ってくるではないか。しかも5台分ほどのスペースがあるにもかかわらず、あろうことか私の車のすぐ隣にピタリと停まった。

私は思わず息を殺し、身を潜めた。ガラガラ音がピタッとやみ、あたりは不気味な静寂に包まれた。私は口もとを手で押さえ、目を強く閉じた。経験したことのない恐怖を感じた。

拉致被害者の怨念か

数分後、その車は再びエンジンを掛け、ガラガラ音を響かせながら来た道をゆっくり戻っていった。毛穴という毛穴から汗が噴き出て、全身ビッショリ。自分の心臓の音があれほど響いたのは初めてだった。恐怖から解放された安堵感に浸っていると、来た道と同じ方向から1台の車が入ってきた。仲間の車だ。朝の挨拶もそこそこに「少し前に変な車とスレ違わなかったか？」と尋ねてみた。前述のとおり、ここは一本道。必ずどこかでスレ違うはず。すると仲間からは思ってもいない答えが返ってきた。

「本栖湖に入ってから車は1台も見ていないよ」

仲間の車には4人が同乗していて、もしそんな変な車がいたら誰かしら気づくと。

私は完全にパニックになって、その場に座り込んで頭を抱えた。同時に全身に鳥肌が立つのを感じた。トドメは最後に車から降りてきた師匠・山田勲さんの一言だった。

「あー、見ちゃったな」

師はその手の話で人を怖がらせるのが、コイ釣りと同じくらい得意な人物。

「浮かばれない魂を乗せた車が夜な夜な行ったり来たりしている」とか「オウムの実行部隊に殺された被害者の霊だ」とか、怖がる私に一気にたたみかけてきた。本栖湖では、殺されてしまった拉致被害者が遺棄されたという話も聞く。被害者を乗せていたのは、あんなバンだったのだろうか……。

夜明け前の本栖湖で起きたこの出来事の真相は、今も闇の中だ。

風が運んで来たもの

とてもよく釣れる池が隣町にあった。
その日は風が強かったけれどとてもよく釣れた。
でも私は二度とそこには行けない——。

齋藤 庸三
さいとう・ようぞう

幼少期より父の影響で海川問わず、様々な釣りを親しむ。高校時代にフィッシング甲子園4優勝。ヒューマンフィッシングカレッジを卒業。JBマスターズプロを経て、現在はグレ、チヌのウキフカセ釣りをメインに釣行。競技会にも積極的に参加。

水辺の怪談なんて作り話

幼い頃より、父親に連れられ釣りを始めた私は、小学校高学年から中学校にかけて、近隣の牧之原市（旧榛原郡）の野池でバス釣りに没頭していた。山間部にある農業用貯水池での釣りとなる。池の多くは林に囲まれているものが殆ど。確かに日暮れ時はどの池も薄気味悪いと感じており、なるべく明るいうちに帰っていた。

学校での釣りをする同級生との会話は「こないだ40㎝のバスを釣った」とか「このルアーがよく釣れる」とかであった。そんな会話の中で「どこそこの池で夕方に幽霊を見た」というような話題も面白半分に語られることもあったのだが、その多くが作り話。まったく気にしていなかったし、みんなで笑い飛ばしていた。

しかし、ある日を境に、私のその考えは一変する。あれは忘れもしない中学二年生の10月の出来事——。

当時、私は剣道部に所属していた。県内でも有数の強豪校だったのでほとんど休みがなく、大好きな釣りにもなかなか行けない状態だった。土曜日は授業が半日で終わるので、午後からは部活動がいつものパターン。しかし、その日は、土曜日だったが職員の会議があったため部活動は休みとなった。

テスト期間でもないので勉強もひと休み。そうなると必然的に、半日も時間ができれば釣りたい盛りだった自分は当然ながら釣りに行く選択をする。そこで、仲のよかった同じクラスのK君を誘って、隣町にあるよく釣れる池に行くことにした。普段なら近くにある池で釣りを楽しむのだが、何故かこの日は無性にその池に行きたくなったのだ。

その池は自宅から自転車で1時間半ほどかかるのだが、25～35㎝のバスが毎回、3～8尾釣れるという当時の私たちの未熟な技術とタックルからすれば、まさに垂涎の釣り場だった。自宅付近の池は魚も少なく、当時、既に有名な場所が多かったのでスレていて簡単には釣れなかった。隣町の池は距離もあるので、思い切らないとなかなか行けない事情もあった。

K君と道中にある小さな駄菓子屋兼釣具屋で昼過ぎに待ち合わせをして、お菓子やワーム等を少々買ってから、いざ釣り場へ。ふたりでワクワクしながら自転車を走らせる。道中の会話も大いに盛り上がったのを記憶している。

10月と言えば、温暖な静岡県ではまだまだ暑さが残っており、自転車を走らせていれば喉も乾く。途中、自販機でドリンクを購入したり、休憩したりしながら進み、目的の池に到着したのは午後の14時過ぎだった。

池の堰堤の下にある広まった草むらに自転車を停めて、ふたりはワクワクしつつ、作戦会議をしながらタックルをセット。その後、池を回り込むように作られた林道を歩き、堰堤の上に到着。まずはここから釣りを開始した。

釣り開始直後、少し風が吹き始めた。風速にして7から8ｍほどだったろうか。この池は堰堤付近のみ木が生えていないが、それ以外は林に囲まれている。池自体は藪漕ぎしつつ獣道等も利用して一周回ることが可能だ。また、林に入ってしまえば多少風が吹いていても遮ってくれるので、気にせずに釣りを続行した。

レイダウンや冠水ブッシュ等のポイントを順番に

交代しつつ釣りながら少しずつ奥に進んでいくと、この日も相変わらずよく釣れた。まだ池を4分の1周しかしていないのにサイズこそ大きくないが3尾ずつの釣果に恵まれ大はしゃぎ。

ただ、池の奥に進むにつれて徐々に風が強くなってきた。林の中は木と木が風に揺れて擦れる音が響く。木の葉も時折舞ってくるほどの強風になってきた。周囲には竹藪もあり、竹が軋む音まで聞こえてくる。

しかし、そんなことはお構いなしに、ふたりはさらに池の奥に進んだ。相変わらず好調に釣れる。私もK君も有頂天だ。

ポイント移動の足も早まり池を半周すると、そこはふたりが並んで釣れる、木が疎らになる場所だった。ここで一旦休憩を取り、地面に座って、買ってきたお菓子を食べドリンクを飲み、ここまでの釣りを振り返って会話は弾んだ。

その時、風がさらに強まった。この釣り座の後ろは小高い丘になっていて、そこに竹藪がある。その竹藪から竹の葉も飛んでくるようになった。

私もK君も、ここでようやく異変に気付いた。何故こんなに強い風が吹くんだろう……。木の切れ目から見える隣の山の木は揺れていないのにここだけ風が強いのはおかしい。

「何故だろうね」と言いながらも、ふたりは地べたに座ったままキャストを続けた。しかし、しばらくするとさらなる異変が起こった。

丘からの強風に運ばれ、何か聞こえてくるのだ。

最初は聞き取りづらかったが「何の音だろう」と私は耳を澄ませた。その音は時間の経過とともに大きく、はっきりと聞こえるようになった。明らかに竹藪からふたりに近寄って来ているのが分かった。

「ううう……うう……ううう……」

それは、女性がすすり泣く声だった。今思えば、おそらく20~30代くらいの女性の声ではないかと思う。その声はどんどん大きくなり、はっきりと聞こえるようになった。そして、どんどんと近づいてくる！

すぐ近くにいる……!

私とK君との距離は2mほど。そのふたりの中間付近に声を発している何かがいるのが分かった。見えはしないが、明らかに気配がある。そう感じ取った直後、ついにすすり泣く声が私の耳元からはっきり聞こえた。

「やめてくれ!」

心の中で叫んだが声にならない。その直後、何かが私の頬に触れた。それは人に触れられている感触ではあったが、冷たかった。おそらく、手で触れられている感触だとは思うが、何も見えない。

さらに頬に触れていた何かは、頬から首筋、肩にかけて撫でるような感触を残していく。耳元ですすり泣く声は聞こえたままだ。どうやら何かが私を撫でているのだ。

生きた心地がしないとはこのことで、膝も手も震えが止まらない。恐怖で身動きが取れなくなった私はK君が気になり、勇気を振り絞ってK君のほうを見た。するとK君は私を見ながら怯えきった表情で、膝をついて震えていた。

K君が震える声で「お前も聞こえてるか」と言うので、私は頷き、「聞こえてる、逃げよう」と返した。

逃げるが勝ちだ。しかし、怯えながらも、せめて少しでも追い払おうと、その何かの気配がある辺りに殴り掛かるも手ごたえはない。これは本当に手に負えない、何より得体が知れない。急いで逃げようとK君を見ると、まだ膝をついたまま震えている。腰を抜かしたのかもしれない。彼に近寄り、立たせて、右手を掴み、元来た林の中を走って逃げる。

最初は引き摺られるようだったK君も、しばらくすると、やや落ち着いてきたのか走れるようになった。ふたりは転んだりしながらも堰堤下の自転車が置いてある場所を目指す。

風はさらに強くなった。そして、我々の背後を何かが追いかけてくるのが分かる。これ以上ないくらい必死で逃げる。転びながら、あちこち木にぶつけながらも無我夢中で逃げて、林道を走り、ようやく堰堤に差し掛かる。太陽の光が降り注ぐ場所まで来たところで、後ろを追い掛けて来ていた何かの気配がなくなった。

自転車に飛び乗り、全速力で近くの民家が多い場所まで走る。息も絶え絶え、どうにかこうにか自販機にたどり着き、ドリンクを購入。喉がカラカラに乾いていた。少し落ち着いたところで、何が起きたのか整理しながら話をした。しかし、当然ながら明確な答えなどない。得体の知れない何かが自分たちに近付いて来た、そこから逃げたとしか考えられなかった。真っ昼間の出来事とは到底思えなかった。とにかくもう帰ろうと16時には帰路についたがお互い口数は極端に少なかった。

後日談

翌日の日曜日、部活動があったので学校へ。そこで、同じ部活で釣り仲間でもあったS君に今回の出来事を話した。そもそも今回行った池はS君に教えて貰ったところだった。こんな出来事を話したところで到底信じてもらえないと思っていたが……。

「お前らもか……」

なんとS君も同じ経験をしているという。女性がすすり泣く声だけではなく、夜になると子どもの笑い声が聞こえたこともあったそうだ。

そう言えば、S君は常々、「あの池はよく釣れるけどあまり行かないほうがいい」と言っていたのを思い出した。その理由が分かった。幽霊なんてそれまで冗談や作り話だと思って笑い飛ばしていた私だが、今回ばかりは相当なショックを受け、しばらく釣りに行く気になれなかった。そしてこの出来事以来、私は二度とあの池には行っていない。

月日は流れ、今から二年ほど前、釣り仲間と久々にこの池の話をしたところ、やっぱりかとの返事。どうやら、その仲間もその池にバス釣りに行き、同じように怖い思いをしたとのこと。さらに、池の近くに由緒ある名刹があり、その寺の関係者からはこんなことを言われたとのこと。

「あの池には近寄らないほうがいい。あそこのやつは自分たちでも無理だ」

僕には見える琵琶湖大橋の3人

僕自身もともとは見えない人だった。結婚を機に見えてしまうことが増えたが、見えない人とのギャップに悩まされることも……。

松下 雅幸
まつした・まさゆき

1983年生まれ、愛知県出身、在住。琵琶湖、長良川でプロガイドをしながら国内外の数々のトーナメントで好成績を収める。2016年から、B.A.S.S. OPENに参戦しエリート昇格を目指して奮闘中。愛称はまっつん。

おかしなことが起こる時間帯

はじめまして。松下雅幸と言います。今回、水辺の怪談の原稿依頼がきましたので、僕が経験したことの一部をお話しさせていただきます。そもそも僕自身には霊感だとかはまったくなかった（今でもあるとは思っていませんが）のですが、ある日をきっかけに怪奇現象や説明がつかないことが頻繁に起こるようになり、今では「幽霊はいる！」派になってしまいました。

正直、すでにかなりビビっていて、本音を言えばこの原稿を書くのをためらっています。もともとがビビリで、釣り番組の肝試し企画のロケも断ったほど霊にはビビっています。

そういうことが起こるようになったきっかけは奥さんと出会った時からになります。それまでは幽霊はいるかもしれないけれど見たこともなく、怪談とか肝試しが怖いくらいで特に意識したことはありませんでした。

それが霊感体質の妻と付き合い始めた途端、頻繁に金縛りに遭うようになりました。金縛りで目が覚める時間が決まっていつも夜中の2時45分で、目が覚めたあとは家の中のすべての電化製品の音が順番に鳴っていくということに気がついた時には震えました。

　それらが原因でノイローゼ気味になり兵庫の清水寺にふたりで行き清めてもらったこともあるくらいです。どうも色々な人から話を聞くと、身近に霊感が強い人がいると霊感がうつるらしく、霊感の強い奥さんと結婚したため、僕は一生このことと向き合って生きていかなくてはいけないと覚悟をしています。

　数ある経験の中でも、「水辺の怪談」となるとこの話かなあと思います。

　かれこれ10年ほど前になります。現在は愛知県に住んでいますが、当時はまだ滋賀県に住んでいて、毎日のように琵琶湖でバス釣りのガイド業に励んでいました。

　そんなある日、お客さんと旧吉野川に遠征に行こうとなった時の話です。琵琶湖から徳島県の旧吉野川まではだいたい3時間ほどかかります。朝一から釣りを始めようとすると滋賀を3～4時には出ないと間に合わない計算になります。当時は琵琶湖南湖の西岸に住んでいて、ボートが保管してある北湖東岸に行くには琵琶湖大橋を渡らないといけません。

　お客さんとは3時にマリーナで待ち合わせをしていましたので、僕は2時半に家を出ました。向かっている途中、琵琶湖大橋を通ると何かいつもと雰囲気が違うことになんとなく気がつきます。琵琶湖大橋の頂上付近に4人ほど座れるベンチがあるのですが、そこの横を通る時にベンチにはおかっぱ頭のセーラー服を着た女の子と真っ白な服を来た男の人が座っているのが見えました。なぜか背筋がピンと伸びてめちゃめちゃ姿勢がよいことに違和感を覚えて顔を覗くとその表情には生気が感じられません。

　当時から琵琶湖大橋は自殺の名所だと聞いていましたし、こんな時間にセーラー服とかおかしすぎだろ！と思い料金所のおじさんに声を掛けました。

「頂上のベンチに、こんな時間にセーラー服着た子がいました。なんか変な感じだったし、なんとかしたほうがいいのでは？」

「いやぁ、個人的な事なので関与はできません」
「いやいや、こんな時間にセーラー服なんておかしいって」
「……わかりました。一度、警備に連絡してみます」
そんな会話をしてお客さんとの待ち合わせ場所に向かいましたが、本当におじさんが連絡したのかはわかりません。

再び大橋へ

その後もやっぱりふたりが気になったので、合流したのちお客さんに今の出来事を話したところ、「それなら琵琶湖大橋をもう一度通ってから旧吉野川に向かおう」ということになりました。僕の車にバスボートをつないで、運転席に僕、助手席と後ろの席にお客さんを乗せ、計3人で再び琵琶湖大橋を渡りました。

橋の頂上付近にさしかかるところで車のスピードを落とします。先ほどのベンチがある側と反対の車線なので少し見にくい感じでしたがベンチのほうに目を向けます。そこには誰も座っていません。あれ？いない？と思っていると、すぐ横にポロシャツを着た人が手すりから琵琶湖側を覗き込んでいるのが見えました。

「あ、人がいる。さっきの子たちとは違うけどあそこの看板の隣に人がいる！」

看板のほうを指差して説明しますが、助手席のお客さんは「は？どこ？」と怪訝そうな顔。

「え？あそこの看板の隣にポロシャツ着た人が湖を覗き込んでるでしょ！　こんな時間にあんなに身を乗り出しているのもすごく変。上半身が全部橋の外側に出てるし！」

と心配していると、お客さんは「え？え？え？誰もいねーって！　さっきから何言ってんの？」と怒り出す始末。僕としてはそっちこそ何言ってんのという気持ちです。

「やっぱり変ですよ。Uターンしてもう一度見に行きましょう！」

と言って車を発進させましたが、後部座席のお客さんから「やだって！もうこの話やめよう！お前らは前の席にいるからいいかもしれんけど俺は後ろでひとりだから気持ち悪いんだよ！」と、僕らの席のほうまで体を前のめりにして言います。相当怖かったのでしょう。

僕には普通の人間と同じくはっきりと見えていたので、どうしても引き返して声を掛けたかったのですが、ふたりの口ぶりが真剣だったことから、あの人は僕にしか見えてないのだろうと気が付きました。多分、あのセーラー服の子たちも……。

お客さんが釣りどころではなくなるといけないので、引き返さずに旧吉野川に行き、無事に釣りも終わって帰ってきたのですが、その後の新聞やニュースで琵琶湖で誰かの遺体が上がったとかの話はなく今でも僕があの日に見た3人はあそこで何をしていたのかは不明です。

僕にとって朝の2時45分から3時30分くらいまでは何かが起こることが本当に多いです。皆さんもどうかお気を付けください。

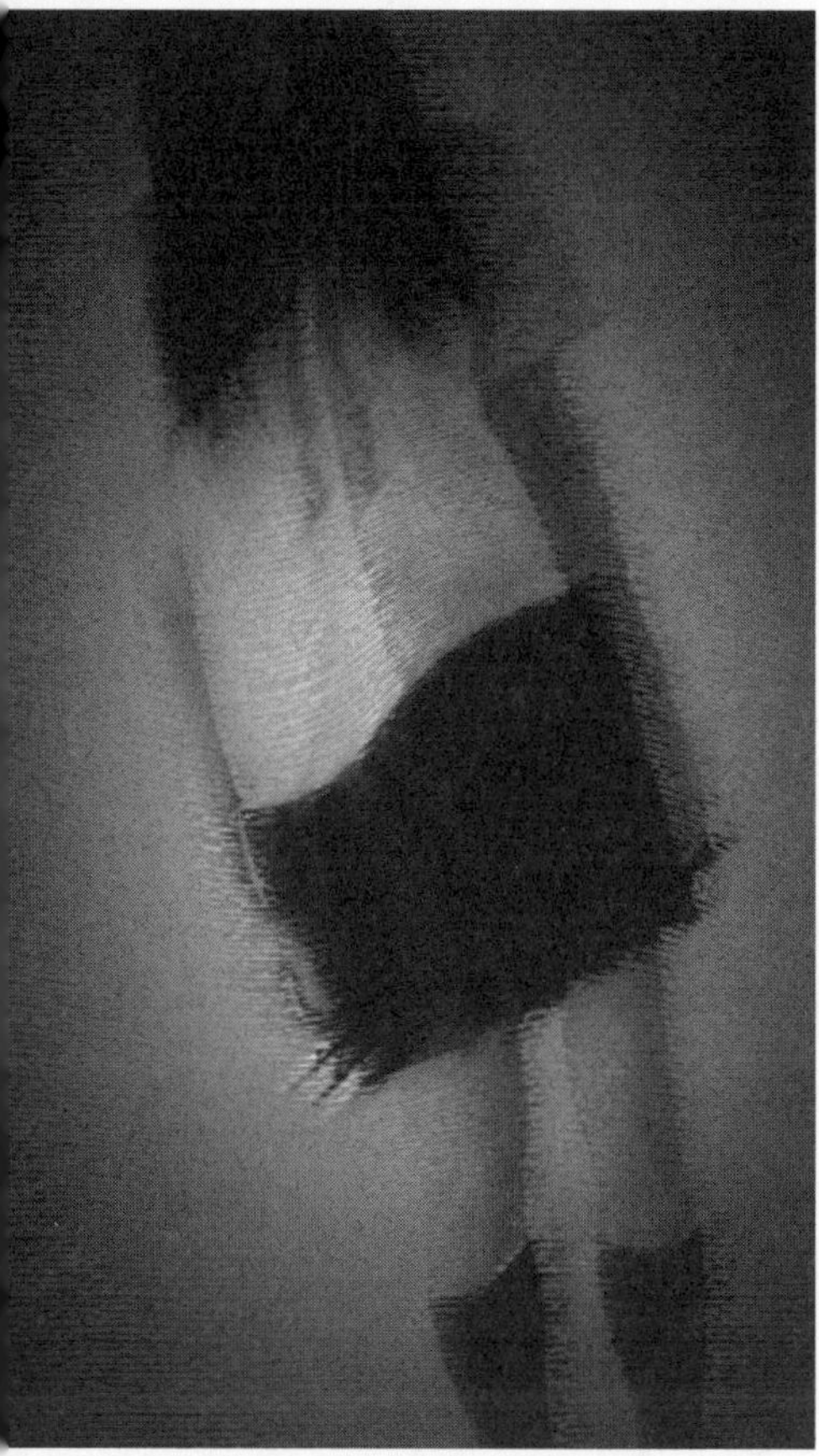

嬌声が悲鳴に変わった湖水浴

砂浜でやって楽しいビーチバレーだが、膝くらいの深さの水の中でやるともっと楽しい――はずだった。

松下 千香

まつした・ちか

2009年にバスプロの松下雅幸と結婚。子どもが産まれたタイミングで霊感はだいぶ弱まったが、子どもが大きくなってまた見る回数が増えている。2014年に滋賀県から愛知県に移り住む。

足に絡まる鬱陶しい藻

はじめまして。夫の松下雅幸に水辺の怪談の依頼があり、その原稿の中で「霊が見えるようになったきっかけは奥さん」と書いたことから編集者の方が興味を持ち、「どうせなら奥様にも」と私にも原稿の依頼がありました。

霊感は幼い頃からあったのかもしれませんが、中学生くらいの頃から頻繁におかしなことに遭遇し、ああこれを怪奇現象というのかと気が付くようになりました。

主人と出会った頃、主人は私の見える体質に驚いて完全に引いていましたが、現在は私のことを理解してくれるだけでなく、自分でも見える人になってしまったようです。

ただ、それは夫婦での話。他人の方にはなかなか理解してもらえないことが多く、おかしな奴と思われかねませんし、こんな経験をしたことをたくさんの人に知ってもらおうという気持ちもありません。とりあえず今回は私の経験したことの一部を書かせていただきます。

それは高校の夏休みの出来事。滋賀県の大津市に住んでいた私にとって、琵琶湖は身近な遊び場でした。高校生の夏休みと言えば海水浴が当たり前ですが、私の場合は琵琶湖が目の前にあったため、湖水浴で有名な琵琶湖の近江舞子まで女の友達４人と電車で遊びに行きました。

きれいな湖で泳いだり浮き輪でぷくぷく浮いたりと楽しく友達と遊んだのち、今度は一対一でバレーボールを水の中でやろう！となりました。砂浜でやるビーチバレーではなく、水深40㎝くらいの浅場でやるバレーボールは動きにくいものの倒れても痛くないし、ド派手な水飛沫も上がって大いに盛り上がります。

私ともうひとりの友達で水中バレーボールを始めました。膝くらいまでの水深なのでそれなりに走れます。他の友達は審判兼ボール拾い的な感じで浜辺や水の中から見ています。

私はボールを追うことに夢中になっていたのですが、足に藻が絡まって走りにくく感じました。それでもボールを落とさないように視線は常にボールにあり、足を振ってその藻を振り払おうとしましたが取れません。足にまとわりついた藻がものすごく鬱陶しかったので、審判役の友達に「ねえ、足に付いてる藻を取って！」とお願いしました。私はもちろんバレーボールに夢中で足を見ている余裕などありません。

「藻なんて付いてないよ」

「何言ってるの、付いてるから早く取って！」

「どっちの足にも藻なんて付いてないよ！」

「は？付いてるってば！」

イライラした私はボールが高く上がっているタイミングで視線を自分の足にずらしました。するとビックリ！　私の右足首の上に人の手がくっ付いていたのです！

最後まで理解不能な出来事

「ヒィィー‼」

あまりの恐怖に腰砕けになり、へたりながら悲鳴を上げました。

離れていた友達もびっくりして急いで駆け付けてくれました。

「足に手が！　イヤだー、誰か取ってェ！」

半狂乱で泣き叫ぶ私を「どうしたの？」「手ってナニ？」と意味不明という感じで見ているだけでした。友達３人にその手はまったく見えていないのです。

私ももう何がなんだかわからないまま、必死に足をバタバタと動かしその手を振りほどこうとします。しかしその手は余計にギュッと私の足を掴んで離してくれません。一瞬、私の手を使って取ろうとも思いましたが、触るのも嫌でそれはできませんでした。

だんだんと、頭の中が真っ白になって気を失いかけながらも無我夢中で足をバタつかせ、ふと気が付けばいつの間にか手はなくなっていました。周りからは最初から手など見えていませんから最後まで理解不能の出来事だったと思います。

その手に足を掴まれていたのは実際にはどれくらいの時間だったかはわかりませんが、私の感覚では10分くらいだったと覚えています。

その後はさすがにみんな怖くなって浜辺に上がりました。その日はもう誰も水の中に入る気にはなれませんでした。

そのあとも右足に違和感があり、見てみると掴まれていた右足首の上に、そんなに深くはありませんでしたがカッターで切ったような跡

が10㎝ほど付いていました。

この一件があって以来、琵琶湖に行くことはあっても水の中に入ることが怖くなり、それまで毎年楽しんでいた湖水浴にもあまり行かなくなりました。

今でも鮮明に覚えているあの手……。

それは指先から手首までで、腕から上はありませんでした。男の武骨な手ではなく、女性もしくは子どもの細くて青白い手でした。

そして今もそのときの手の映像が頭の中に、そして手に掴まれた感触が右足に、しっかりと残されていることが本当に気持ち悪いのです。

真夜中のテント場

悪天候でビバークを余儀なくされた夜。テント場に現われた人の群れ……。

戸門 剛《とかど・ごう》

1984年生まれ。埼玉県入間市で『山の幸、川の幸　ともん』を営む。渓流釣りはもちろん、山菜やキノコにも精通し、野山で得た食材を自身の店で提供している。著書に「ぼくの市場は『森』と『川』〝奇跡の料理店〟食味歳時記」がある。

平日の渓流

どうやら僕は、釣行時に不可思議な体験をすることが多いようだ。山岳渓流への単独行が主なためか、釣行回数が多いだけなのかは分からない。たしかなのは、酒を嗜まない僕なので常に素面ではある、ということ。またそうした体験は忘れないうちに釣行ノートに綴るように習慣づけている。時には私たちの家族で営む郷土料理屋『ともん』のお客様相手に披露し、酒の肴に愉しんでいただくためだ。

今回は単なる恐怖体験ではなく、命拾いをしたと胸をなで下ろした思い出を紹介したい。

これは2012年6月中旬のことだ。夜半過ぎ、僕は群馬県上野村を流れる神流川支流中ノ沢へと車を走らせていた。梅雨時分だが、むこう数日は晴れとの予報。開け放った窓からは、じめじめとした熱気が入り込んでいた。埼玉県の入間市に住む僕にとって、上野村漁協の管内は足繁く通った場所だ。高速道路を使わずともR299をひた走ればわずか3時間足らずで当地へと至る。事実、その日も夜明け前には早くも車止にたどり着いていた。しめしめ、先着の車もない。軽く仮眠をと目覚ましをかけて、しばしの眠りについた。

強い日射しをまぶた越しに感じ、慌てて飛び起きた。携帯電話の表示を見れば、すでに10時近く。やばい。完全に寝過ごした。アラームをセットしていたはずなのに……。手短に釣り支度を整えて、駆け足気味で歩き出した。僕の車以外の新たな車がないのが幸いだった。平日万歳である。

汗をかきながら、中ノ沢支流のカマガ沢へと降り立った私は、さっそくサオを伸ばした。エサは大ぶりのドバミミズだ。白泡の中へ落とし込むと、早くもたしかなアタリ。ややあってからアワセると、20㎝ほどのヤマメが躍り上がった。次のポイントでは8寸のイワナ。これは絶好釣の予感だ。好ポイントを拾い釣りしながら遡行を続けていった。

それにしても、苔生した渓相のなんと心地よいことだろう。差し込む木漏れ日がスギゴケに乗った水滴をキラリと光らせている。秩父や奥多摩とも似ているが当地の渓相はまた格別。美しい景色と美しい渓魚に癒やされながらの遡行を愉しんだ。

日帰りのはずだったのに

日付が変わるころ、僕は沢伝いの高台で眠れぬ夜を過ごしていた。夕方、雲行きが怪しくなってきたなと思うと同時に、勢いよく降り出した雨。どうせにわか雨だろうと、たかをくくっていたが、雨脚は弱まるどころか強まる一方だ。カマガ沢は最源流まで登り詰めれば整備されたアスファルト道へ至る（一般車両立ち入り禁止）。しかし当時はまだガラケーを使っていた僕である。GPSを利用した地図アプリの存在など知らなかった。現在地しだいでは、このまま遡行を続けるのも、渓通しに下るのも危険だ。火の準備こそないが携行食料も寝袋も持参していたので、日帰り予定は断念しビバークすることに決めたのだった。

しばらくうつらうつらしていたのだろう。はじめは焚き火の爆ぜる音だと思った。パチッ、パキッ、と渓に響く音。しかしよくよく考えてみれば、僕は火をおこしていない。慌てて飛び起きたが、音はあいかわらず鳴り響き、少しずつ近づいてくる。そうだ、これは枯れ枝を踏む音だ。

息を呑んで辺りを注意深く見回すと、眼前の砂地に立つ人影が目に入った。寝袋の中から携帯電話を取り出し、そっと開く。周囲にぽっと光が届く。渓のせせらぎと風の音だけがする。雨はすでにあがっているらしい。恐る恐る光を闇へとすべらせると、周囲にはさらに僕を見下ろす複数の影があった。

「……こんばんは」

なんとか振り絞った僕の言葉に、返事はなかった。彼らは微動だにせず、こちらを見下ろしている。釣りですかと問うも、やはり返事はない。夜の行軍は危険ですよと声を掛けるも無言。山慣れしている地元の方なのだろうと納得し、気をつけてくださいね、と別れの言葉を贈り、僕は再び寝袋に潜り込んだ。

「ありがとう。……あなたこそ、帰り道にはお気をつけて」

はじめて口を開いた彼らはそう言い残し、パチッ、パキッ、と渓に音を響かせながら去っていった。

砂地を見ると……

空が白み始めると同時に僕は身体を起こし、凝り固まった節々を揉みほぐしながら伸びをした。それにしても、昨夜の人たちはいったい何だったのだろう。後で分かったのだが、実は想像以上に道路はすぐそこだった。通りすがりの登山者が、僕を遭難者とでも間違えて見に来てくれたのだろうか。

荷物を背負い直し、歩き出してふと気づいた。彼らがたしかに立っていた眼前の砂地。そこには僕の足跡以外、一切の痕跡が残っていなかった。雨はあがって久しい。じめじめとした熱気が周囲を包んでいるというのに、背筋を冷たいものが通り抜けた。寝ぼけていただけだと自分に言い聞かせ、ビバーク地を後にした。

小一時間ほどの遡行、這々の体で道路へと上がった後は、車止まで約10㎞の長旅が待っている。何かを振り払うように走り抜いた僕は、当地の温泉にて汗を流し温かな食事をいただき昼寝をした。目覚めたころには気力体力ともに、ばっちり充電完了。しかし帰りは少しでも楽な高速道路を使おうと、下仁田方向に向かった。

帰路に気をつけろ

湯ノ沢トンネルを抜け南牧村へ降りると、左には南牧川の穏やかな流れが併走しだす。磐戸の集落を過ぎたころ、猛スピードで迫り来る黒いバンの姿に気付いた。

黒いバンは僕の真後ろにぴったりとついて左右に車体を振り煽るような仕草を見せる。折よく見通しのいい直線に差し掛かったので、先に行かせてしまおうとスピードを緩めた。が、彼方に見える対向車のためか僕を煽ることこそが目的だったのか、黒いバンはなおも張り付いたままだ。なんだよと思うのも束の間、私は違和感を覚えた。あの対向車も蛇行運転しているような……。さらに近づいた時、明らかな異変に気づいた。対向車の運転手は、ハンドルに覆い被さるように顔を伏せたままで一切前を向いていない。

私はあわててクラクションを鳴らした。しかし、無反応。だめだ……！　急ブレーキをかけようと思ったが、僕のすぐ後ろにはぴったりと張り付いた車がいる。左には南牧川、反対車線側には側壁が延々と続く。対向車はさらに大きく蛇行を繰り返している。

　すると、運よく左前方に待避所が見えた。南無三！　ハンドルを切り、砂利に突っ込むと同時に急ブレーキ。砂煙が上がる。間髪入れず右横腹に「ドンッ！」と強い衝撃がきた。車体が大きくぐらつく。なんと対向車はセンターラインを割り、こちら側の車線をも越えて、待避所へ逃げた僕の車に激突し止まったのだ。

　身構えていたせいか、幸い僕は怪我らしい怪我をしていなかった。後続車の黒いバンはと見やるも、その姿はすでにない。しかし、まずは対向車だ。怒鳴り飛ばしてやろうと車を降りて運転席を覗き込むと、そこには茫然自失という顔のお爺さんが乗っていた。

「入院中の婆さんに、夜通し付き添っていて……」

　疲れからつい居眠りをしてしまった。申し訳ない申し訳ない、と震えながら繰り返すお爺さん。お爺さんは事故の衝撃で打ち付けたのか、額と腕から血を滲ませていた。

　僕は警察と、念のため救急車にも連絡を入れ、へたり込んでしまったお爺さんの介抱に当たった。

　やがて到着した警察官が現場を見て語った言葉。

居眠り運転でノーブレーキという対向車、普通ならそのまま川へ転落していたはず。あなたが身体を張って受け止めてあげたようなものですよ、と。僕の車の運転席側ドアは波打つように歪み、サイドミラーはちぎれ掛けていた。

　レッカー車に乗せられ帰路についた僕。思い起こすのは昨晩の出来事だ。彼らの素性はいまだ分からない。ただ、たしかに彼らは「帰り道には気をつけて」と言っていた。虫の知らせとはこのことかと少し身震いした。

　なお無傷に見えた僕であったが、帰宅後しばらくは、むちうちに悩まされて長期の通院を要するハメになった。毎週のごとき渓通いもおあずけ。次の旅路となったのは9月の最終釣行、舞台は当然……別の川だったのは言うまでもない。

廃棄バスから漂う妖気

車中泊の最中、突然変わってしまった友人。その声は、必死に何かを訴えているようだった。

千島 克也
ちしま・かつや

1974生まれ。埼玉県在住。荒川銀影会会長。隠密本流愛好会所属。渓流釣りを愛し、各地の川を訪ね歩く。冬になるとワカサギ釣りも嗜む。著書に『尺ヤマメ30尾を1シーズンで釣ったら見えたこと』がある。

不気味なトンネル

今から20年ほど前の話である。

まだ20代だった私は、新潟県魚沼地区へ釣りに出かけることが多かった。魚野川本流をはじめ、支流にもよく通ったものだ。そして只見川に足を運ぶことも多かった。

そんなある日のこと。私は友人Aと、奥只見方面へ釣りに行った。季節は梅雨時。仕事を終えて夕食を済ませ、Aを迎えにいき、一般道で現地を目指した。

当時、私は２０００ccディーゼルターボのワゴン車に乗っていた。４輪駆動で、オールシーズン釣行できる車だ。釣りには快適な車だが、パワーはなかった。道中、群馬県から新潟県に越える三国峠があるが、この峠が私の愛車にとってかなりの難所だった。パワーのない愛車は、登り坂となればアクセルは常に全開。バックミラー越しに、マフラーから吐き出される黒煙が見えるほどだった。今思えば、環境に優しくない車が普通に走っていた時代だ。今なら車検は絶対に通すことができないだろう。

新潟に入ってから、雨脚が強くなった。視界も悪く、チンタラ走ること4時間。やっと奥只見シルバーラインに到着した。この奥只見シルバーラインは全長約22㎞あるうちの18㎞がトンネルになる。トンネル内は暗い場所もあり、なんとなく薄気味悪い。

キツネに脅かされた記憶

トンネルに入ると、はじめて自走でシルバーラインを走った時の思い出がよみがえってきた。最初のトンネルに入って少し進んだところで、突然キツネが目の前に現われたのだ。その時は驚いて急ブレーキで車を停車させたが、心臓はバクバクだった。横に乗っていた友人は、フロントガラスに頭を強打してしまった。当時はシートベルトの着用義務がなかったのだ。ケガはなかったが、キツネに驚かされた苦い思い出である。

しばらく車を走らせると、トンネル内に信号機が見えてきた。この信号を右折してトンネルを出て、ようやく銀山平に到着。

トンネルを出てみると、かなりの雨が降っていた。この雨で只見川を目指すのは危険では……? 2人でそう判断して、明るくなるのを待つことにした。まだ夜明けまで時間はあるので、少し車を走ら

せて奥只見ダム下まで行き、そこで仮眠を取ることになった。

到着したドライブインには、車が数台停まっていた。どうやら車中泊をしているようだ。きっと袖沢に行く人たちだろう。雨で気温が低いので、車の暖房を切りたくない。だが、ディーゼル車のためエンジン音で周りの車に迷惑を掛けるわけにもいかない。そこで少し離れた駐車場に移動して車を停めた。目覚ましは4時にセット。しばらく2人で釣り談義をしていたが、運転の疲れと車の屋根を叩く雨音で、いつの間にか私は深い眠りについていた。

そして、その数時間後、今でも忘れることができない恐怖の時間が訪れたのである。


「ウオーッ……グオーッ!」


4時になり、目覚ましの音で目を覚ますと、Aはまだ熟睡していた。起きる気配がないので、私は朝だぞ!と声を掛けた。その時である。Aはすっと身体を起こして、私を見つめた。その直後……。

「ウオーッ……グオーッ!」

Aは突然叫びはじめ、両手を私のほうに突き出した。驚いた私は「おい! どうしたんだ?」と話しかけたが、一切聞き入れるようすがない。私はふざけているのかと思い、最初は笑いながら声を掛けていた。だが、Aは何度も「ウオーッ! グオーッ!」と叫び、両腕を大きく振り回している。まるで水中でもがき苦しんでいるようだ。しかも、私に襲い掛かろうとする。

さすがにおかしいと思い、私はAの顔をじっと見た。暗闇に光るAの目を見た時、普段穏やかな友の表情ではないことに、私は気づいた。両目が吊り上がり、誰か別の人と入れ替わってしまったのではないかと思えたほどだ。私はこの時ようやく、危険を感じて車の外に逃げ出そうとした。だが、スライドドアはA側にあるため外に出ることはできない。

どうしよう……。逃げ場を失った私は、横目で私のいる側の窓の外を見た。

まだ夜が明けていない薄暗闇のなか、私の視線の先に、ボロボロになった薄気味悪い廃棄バスが見えた。そのバスを見た瞬間である。たとえば白い服を着た人だとか、何か霊的なものが見えたわけではない。だが本能的なものなのか、第六感が働いたのか、私の全身に寒気が走り、一気に鳥肌が立った。何かよくないものが、あのバスにいる。

もう逃げ場はない。外に出ても、近くに妖気を漂わせた廃棄バスがある。雨脚が強まり、天井に叩きつける雨音は滝のようだ。このままではやばい！

私はAに「おい！ 頼むから目を覚ませよ！ しっかりしろよ！」と、雨音に負けないよう何度も何度も大きな声を出して必死に呼びかけた……。

狐憑き

どれだけ時間が経ったのか、はっきりとは覚えていない。突然、Aの表情が普通に戻った。

「どーしたん？ 何そんなに驚いてるん？」

ぽかんとした表情で、Aは私に話しかけてきた。声音は、間違いなくいつものAである。一部始終を話したのだが、Aはさっぱり覚えていないという。おそらく10分ほどの出来事だったのだろうが、感覚的には30分以上に思えた。

とにかく、この場から一刻も早く立ち去りたい！私たちはすぐにシルバーラインを下ったが、薄暗いトンネルがどうにも怖い。早く明るくなってほしいと念じながら、私はアクセルを踏んだ。

その日の帰り道に見た川は、どれも濁流で釣りがで

きるような状況ではなかった。あの時Aに乗り移った何かは、もしかしたら「大雨で増水しているから川に入るな！」と警告していたのかもしれない。なにしろ車内は逃げ場がなかったので、もし本気で襲う気があれば、私は絶対に無事ではなかったはずだ。
「狐憑き」という言葉がある。古くは今昔物語にも登場し、キツネの霊に憑りつかれ、精神が錯乱した状態ともいわれる。もしかしたらここは、キツネの霊が支配する土地なのかもしれない……。

青いヤッケの釣り人

救助ヘリが飛ぶ渓流。そこで出会った釣り人は、どことなく異様な雰囲気を漂わせていた……。

河野辺 元康
かわのべ・もとやす
1966年生まれ。東京都杉並区在住。フライフィッシング歴10年以上。野外で使うアルコールストーブや、軽量コンパクトな簡易カマドを製作しているRiverSideRambler(RSR)を営む。

近寄ってきたヘリコプター

十数年前の、7月の日曜日のこと。後輩のC君と2人で、北関東のある渓に日帰りでフライフィッシングに行った時の話である。

その渓は入渓地点からしばらく歩くと、直登できない大堰堤があり、高巻きが必要になる。私たちは尾根頂上まで詰めた後、前夜の雷雨でぬかるむ土の崖を、残置されたトラロープを頼りに慎重に下りていった。そしてようやく、大堰堤上の広川原に降り立ったのだった。

私とC君がロッドを継ぎ、釣りの準備をしていると、上空でヘリコプターの音が聞こえてきた。C君が「結構山に近い所を飛ぶのですね」などと言っていると、見る間にヘリコプターが近づいてきた。そしてついには私たちのすぐ上空で、ホバリングを始めるではないか。

爆音と吹き下ろす強風のなか、私たちが唖然としてヘリを見上げていると、拡声器を持った乗務員がヘリから身を乗り出した。そして真下にいる私たちに向けて「○○さんですかー!?」と尋ねてきた。

私は「違いますー!」と叫んで、両腕でバッテンを示した。

「ありがとうございますー!」

そう言い残して、ヘリはあっという間に上流方面に飛んでいった。どうやら行方不明者を捜索しているようだ。

この渓は両岸が切り立っていて、増水したら逃げ場はない、一度入ったら川通しで戻るほかないのだ。昨晩の雷雨を無事やり過ごすことはできたのだろうかと、見ず知らずの行方不明者の安否を思った。

後から来た釣り人

その後、私たちは気を取り直して釣りを始め、交互にポイントをねらって上流へ向かった。3つほど堰堤を越えた後で、C君が大場所をねらっていた時だった。私が何気なく下流に目をやると、青いヤッケを着た釣り人が近づいて来るのが見えた。風貌からしてエサ釣りのようだ。距離が離れていて表情まではうかがえないが、その動きから年齢は60代くらいに思えた。

私たちは行く手をふさぐかたちで立っていたが、青ヤッケの釣り人はこちらの存在に躊躇することなく近づいてきた。まるで私たちが見えていないかのような立ち振る舞いだ。

ちょっと困ったことになった。

一般的に渓流釣りでは、先行者が優先という暗黙のルールがある。だが、稀に追い越して先行させてほしいと懇願してくる釣り人がいて、揉めることがある。青ヤッケの人は、私たちより明らかに年上に見える。堰堤を3つも越えてここまで来た年長者に、この先の釣りは諦めて戻ってほしいと言うのも気が引ける。

そんな思案をしていると、いつの間にか青ヤッケの男の姿が見えなくなっていた。

「あれ、どこ行った?」

私がC君に声をかけると「おかしいな、見えなくなりましたね」という返事。高低差がない見通しよい場所だし、身を隠す大きさの岩もないのに……。

「諦めて戻ったかな?」

「そうでしょうね、この川で我々を追い越すのは無理ですから」

急に視界から消えたので少し腑に落ちない感じだったが、クライミングの装備もない釣り人が、この切り立った絶壁をよじ登るとは考えられない。とりあえず問題から解放された私たちは、すぐに釣りに没頭して、さらに上流へと釣り上がった。

消えた青ヤッケ

次の堰堤に取り付こうしている私たちに、今度は3人組のレスキュー隊が下流から近づいてきた。レスキュー隊員曰く、昨日この渓に入った60代の男性がまだ帰宅せず、家族から捜索願が出ているとのことだった。

一瞬、私とC君は顔を見合わせた。先ほどの青ヤッケの釣り人のことを思い浮かべたが、川通しで遡行して来たレスキュー隊は確実に青ヤッケと遭遇しているはずなので、それが行方不明者のはずはないと思い直した。

それでも一応、確認だけはしておこうと、私は彼

らに聞いてみた。

「青いヤッケを着た男性と出会いましたよね？」

「いや、入渓点からここまで誰とも出会っていませんよ、あなたたちが最初です」

そんな馬鹿な……。

それではついさっき私たちが目撃した青ヤッケの釣り人は何だったのか？　２人が同時に白昼夢を見たとでも言うのだろうか。

その後、レスキュー隊は私たちを追い越して、さらに上流へと捜索の歩を進めていった。追い越された私たちは、場荒れを考えるともう釣りを諦めざるを得ないと考え、納竿して川通しで入渓地点まで戻った。

写真をのぞき込むと……

車止に着くと、軽四駆の傍にいた男性が私たちに近寄って声を掛けてきた。

「これが私の父親なのですが、見掛けませんでしたでしょうか？」

その男の人が手にした写真には、60代と思しき青いヤッケを着た男性が写っていた。

……!!

ギョッとした私とC君は、またも顔を見合わせたのだった。

しかし、レスキュー隊に否定された今となっては、私たちは青ヤッケの釣り人を目撃したことを男性に話す気にはなれなかった。私たちの不確かな情報によって、憔悴したご家族をいたずらに混乱させるわけにはいかないと感じたのだ。

その後、東京に戻りこの奇妙な出来事を忘れかけたある日のこと。私たちは地元紙に掲載された記事によって、行方不明男性のご遺体が渓で発見されたことを知らされたのだった。

今でも渓の季節がやってくると、あの時私たちが見たモノは何だったのか思いを巡らす。だが、いまだに私は答えを見つけられていない。

それでも車中泊はやめられない

九州各地の渓と海で起きた不思議体験。でも本当に一番恐ろしいのは……。

最凶レベルが出るならここ？

五木村、椎葉村、日之影町——。九州でのこういう話に地名が上がりやすいところだ。私の体験もご多分に漏れずそういった場所がほとんどだ。あとは長崎の西海橋下あたりで朝一番に耳に息を吹きかけられたとか海辺も若干あるが、渓流の話はそれに比べるとまあ多いし視覚的なパターンも含めて私の体験上で最もダントツなのは渓流だ。メッカとも呼べる場所がいくつかある。

私が行く水系で最も気持ちが悪いのは祖母山系の川で、とりわけOダムのバックウォーター付近は行

くと気持ちが悪くて釣りができない。おそらく周りに動物がいすぎるのだろう。大抵の場合、釣りは短時間しかしない。何か見えるわけでもないが非常に気持ち悪いからだ。最凶レベルの霊体や化け物を見るなら絶対ここだろうと思っているが、実際に見るのは違う場所だった。

諸塚村の川に堰堤がいくつかあり、廃屋がいくつか並ぶあたりに砂防ダムがある。昔からそこには溜まった砂や砂利を汲み出すスロープがあった。こうした渓流釣りでは夜間にドライブして道端に車を停めて仮眠をしてから釣り場に向かうことが多いわけだが、狭い谷沿いの道に駐車スペースはないため、そのスロープを利用していた。ところが、一緒に来

津留崎 義孝
つるさき・よしたか
福岡県在住。ロッドビルダーでありルアーデザイナーであり、半世紀にわたっておもにソルトルアーフィッシングの世界を開拓し続けているカリスマアングラー。

た相棒がたびたび夜中に「車を移動してくれ」と私に頼むのだ。それも数人から同じことを言われた。実は私も廃屋とは知らないときに人影を見たことはあるが、完全体だったので人と判断していた。一回は明け方、車の横に麦わら帽子を被って立っていたが別に気にはしなかった。が、それ以降は連れが夜中に私を起こしてそう頼むのだ。あとで聞くとそういったものがウロウロしていたらしく、ある友人は4回もそういったことがあり「絶対あそこでは寝ません！」と断固拒否される始末。

椎葉村の不土野地方もなぜかそういう話が多い。キャンプ場から謎の鳥居の周りで不思議な体験や夢を見る人が多い。金縛りは挨拶程度ともいえるが、私も五木村側から山越えしてきて寝るのにこの集落をよく利用する。そのときもいつものように荷台をフラットにして車で一人睡眠をとっていた。寝ていたと思うが、気が付いたら外から自分の車を見ていた。しかも両脇を2人に後ろ向きに持たれて……または後ろ向きに連行される形で車から引き離されている状況だった。15mほど車から離れたころ、いけないと思ってそれを振りほどいて車に戻った。と同時に目が覚めた。

車の周りにはぼやけたガス状の沢山の何かが歩いていた。足首を握られている感覚はあるが、シュラフの中なので確認のしようがない。時間の経過は判らなかったが30分くらいだったろうか。そのうち周りの雰囲気はなんてこともない空気になり朝まで寝直した。まあ、懲りずにその後も何回も行ったが、それ以降の体験はない。ただしダム上流側での車中睡眠はしないように心掛けている。

東京から雑誌記者と釣り人が来たときもおかしなことが起きた。あまりお上手でなかったので当時は結構簡単だった椎葉村に案内した。下り場を教えて夜明けまでに歩くように指示して、私は赤橋の上から見ていた。赤橋のすぐ上のあたりに明かりがちらちら見えたので、私も対岸側から急斜面を降りて明かりのほうへ。

当時はあまり明るいランプがなかったのもあるが、バックウォーターはもう少し上流だった。暗めのヘッドランプを付けて大きなバッカンを持った人が私の前40mあたりのラインまでバシャバシャ歩いてきて座った。私が「もう少し上ですよー」と声を掛けたが無視された。まあいいやと思って待っていると夜が明けたらそれは流木の切り株だった。私の椎葉村の体験はそんなものだが、同じような体験をした知り合いも多い。

油断すると死ぬ場所にいるという自覚

こうした体験は海でもよくある。故・松田正弘氏と一緒に宮崎の幸島の崖上で寝ていたときも翌朝「首絞めたでしょ?」と言われた。金縛りに遭って苦しかったようだが、私がいたずらしていたと思っていたらしい(笑)。

まあ金縛りはあちこちで起こる。釣り雑誌社の取材のとき、対馬の棹崎の駐車場で昼間寝ていたらいきなり金縛りになり、砂利の上を大勢の人間が規則

的に歩く音が聞こえた。旧トーチカ（砲座）跡の近くだった。

金縛りについては諸説あるので何とも言えないが、歳をとってからそんなことはまったくなくなった。そういえば故・松田氏からは「昨日、日之影で強烈なのに逢いました。もう明るくなってからしか絶対行かないです」と連絡が来たこともあった。あの釣り好きにそう言わしめた強烈なのとは何だったのか。今や知る由もない。

また、こうした類の話は実際には生きている人間が相手ということもある。五島列島の福見の防波堤でのこと。深夜の23時半、いい感じに獲物を釣った私と相棒は隣の港からそこに移動して車をスロープの上に停めた。そこに外灯がついていたからだが、ドアを閉める瞬間「助けてくれー」と声が聞こえた。相棒に確認すると「私も聞こえました」と言う。時間や場所を考えると、「ついにお化けに話しかけられたか」と思えなくもないが、気にせず車中泊の用意をしていたら、またもや「助けてくれー」の声。周りを見渡しても姿がなかったが、50mくらい離れた高台の外灯の下に白のジャージを着た白髪のお爺さんが手を前に突き出して「助けてくれー」と言っている。

こいつ、もしかすると飛びかかってくるかも……？　内心そう思いながら顔面にライトを当てたまま少しずつ近づいた。ジャージに緑色のスリッパ？　12月の夜中にウロウロする格好ではない。そしてカクシャクとして「私は五島の者だけど奈良尾の甚五郎さんを探している」とのたまう。思い当たることはひとつなので警察に電話である。案の定、近くにあった施設からお迎えが来てナーンダって話だが、得体の知れないものに対する恐怖は誰にでもある。それがもとでいじめや戦争が起こるぐらいに人とはそういうものに対する畏怖は潜在的に持っていると思う。

しかし、そんなことを言っていたら魚釣りなど行けやしない。そもそも数万年以上前から人類はいるわけで、その生活の基盤は水のそばである。どこで誰が死んだみたいな記録なら死んでいない場所を探すほうが難しいくらい水辺では死んでいるはずであり、幽霊も素っ裸もいれば石弓腰巻から軍服や洋服着た人まで幅広くいるはずだが、大抵は着物以降ってのも疑問だ。

しかし、人ならざるものの存在に対しても多くの人がそれを語っている。私も若干ながらそういったことも体験はしている。ただ、視覚や聴覚などの五感的には極希薄なものでありこれがいまだはっきりしたものかは説明がつかない。

幽霊話や妖怪話は大抵の場合、友達の知り合い等の話であり、出所がはっきりしないものが殆どだが、ここに書いたものは私自身が感じたり見たつもりのものだ。

オチなどなく、ハラワタを貪り食われたり、憑りつかれたりするような話ではない。ただ水辺に赴くとそういったことを感じないわけではない。川を歩いていると常に横の林の中から並列についてくる気配を感じたり、一点から大きな寒々しい気配を感じたりすることもある。明け方の暗がりの入渓前に自分の2m周囲で音を立てながら回る見えない動物などに遭遇するとそれは大きく増幅される。

私が気を付けているのは油断すると事故にあう可能性のある場所に来ているという認識を忘れないことだ。

恐怖で人は死なないが油断や委縮で人は死ぬことがある。水辺に行くとき、そういったモノの怪に対する感覚を閉じておく。そして自分の身は自分で守る。このことを私は強く念じて魚釣りに臨んでいる。触らぬ神に祟りなしと昔から言うが、それは自分の窓を不用意に開けず、危険を取り込まないことも含まれている。

何もお願いしないし何もお願いされない。この世の理をよく理解しておけばそれは別の遠くの話ともいえる。

そんな話より野犬やそのほかの獣、また他人に害を及ぼそうとする生きた人間のほうがよほど恐ろしいと私は常日頃思う。

海の章

三陸の孤島に泊まると

三陸海岸に浮かぶ孤島・金華山は
ロックフィッシュの聖地であり、
あの世とこの世をつなぐ霊場でもある——。

塩津 紀彦
しおつ・のりひこ
茨城県在住。通称ハンター塩津と呼ばれる東北ロックフィッシュのスペシャリスト。三陸海岸のアイナメ&ベッコウゾイゲームの黎明期からロックフィッシュを追いかけ、現在は北海道から九州まで釣り歩いている。頭に巻いたタオルがトレードマーク。

まるで無人島のよう

青森県の恐山、山形県の出羽三山と並び奥州三大霊場のひとつに数えられ、島全体が太古の原生林に覆われる自然豊かな霊島が宮城県の金華山である。

ベッコウゾイ（標準和名はタケノコメバル）のレコードクラスがねらえるということもあり、ロックフィッシュアングラーたちの間からは「ロックフィッシュの聖地」として有名な島でもある。

ただし霊場ということもあり、足しげく通うアングラーの間では数々の不思議な体験が絶えないフィールドとしても有名だ。私自身、もともとはそういった感性は鈍く……つまりは「見える」ほうの人間ではないのであるが、大型ベッコウゾイを求め20年も通っているとやはり「ぞわっ」とさせられる不思議な体験をすることはしばしばある。今回はそんな中でも最も新しい、令和2年1月の不思議体験について書かせていただく。

金華山は南三陸の最南端にポツンと浮かぶ孤島であるため、行くための交通手段は当然ながら船のみ。つまりは金華山着の定期船か海上タクシーで渡ることになる。

私の場合、多人数や取材等で島を訪れる時は海上

タクシーを使うのだが、少人数や個人で釣りに行く際は定期船を使用している。しかしながら東日本大震災以降は観光や参拝で金華山を訪れる観光客の方々が激減してしまい、定期船の便数が土、日、祝日に1日1便出るのみになってしまった。

1日1便、しかも往復で1便のため島内に滞在できる時間はおよそ2時間のみ。これでは金華山で思いっきり釣りを楽しむことはできない。そのため震災以降は、土曜日に往路便で島へ渡り釣りをして宿泊し、翌日の日曜日の午前中まで釣りをしてから復路便で帰ってくるという1泊2日の釣行を余儀なくされてしまっている。

ちなみに島での宿泊は、神社の宿坊へ宿泊するケースと、テントを持ち込み野営するケースの2パターンがある。

メインフィールドとなる灯台方面までは港から山道を片道2時間程歩くため、港に近い神社へ泊まってしまうと釣行効率が悪くなる。個人的にも、最もサオを出したいタマヅメ&朝マヅメの時間を移動時間に取られてしまうため、私は金華山では野営をしての釣行がメインになっている。

ちなみにこの金華山、バブル期は観光等で訪れる方も多く、島にはホテルや民宿、お土産屋さんや食堂が並んでいたが、現在の島の雰囲気はというと、ホテルはすでに廃業し、残っていた観光施設もすべて震災の津波で流されてしまい登山道や遊歩道も崖崩れや津波の影響で大破……。現在、島に住んでいる島民の方は神社の住職さんを入れて数名だけなので周囲26㎞のこの島で釣りをしていても人に出会うことはほとんどない。初めて金華山の奥地へ足を踏み入れた釣り人は、さながら無人島にいるような寂しい感覚を受けるそうである（私は慣れたのでそうは思わないが）。

令和2年1月某日

女川発の定期船で金華山へ向かい、金華山に到着した時間は定刻どおり昼前の11時半。

港に到着し準備運動を少ししてからキャンプ用品や釣り具、食料が満載に詰め込まれ15㎏ほどの重さになったナップザックを背負い奥地のポイントへ向けて出発。東日本大震災のみならず度重なる台風の影響でアスレチックのように崩れてしまった山道を1時間半ほど歩く。

東北の1月は16時半ともなると陽が沈み、街明かりも届かない金華山では大気を油性マジックで塗ったかのように真っ暗になってしまう。そのため、奥地の灯台近辺で釣りをすると、移動時間を差し引けば実質の釣行時間は3時間程度しかない。そのように時間も限られているので一心不乱に歩き、ポイントに到着しても休憩も取らずに慌ただしく準備を済ませたらすぐに釣りを開始するのが常だ。

大型ベッコウゾイに照準を合わせたボリューミーな8インチワームをセットしファーストキャスト。するといきなりビッグワームを押さえ込むような鈍くパワーのあるベッコウゾイ特有のバイト！ フルパワーフッキングも決まり重厚なファイトをエクストラヘビーのロッドでいなし50㎝オーバーの特大ベッコウゾイをキャッチしたのだった。

その後もまさに絶好調といった感じで大型のベッコウゾイを4連発。本来ベッコウゾイは、この金華山と言えども生息数の非常に少ない貴重な魚。40㎝を超える大型ともなれば1日で1尾釣れただけでも御の字と言える。それが立て続けに5尾も釣れたのですっかり私も賢者モードに突入（笑）。日没前には余裕をもってキャンプ予定地の金華山灯台へ移動しテントを設営することにしたのであった。

いつもは仲間や友人と来島するが、実はソロでの釣行やキャンプも嫌いではない。通い慣れているとはいえ危険も伴う釣りだけにソロでの釣行は避けるべきなのだが、週末しかチャンスがなく海も静かな予報だったこともあり、この日はひとりで来島していた。

夕飯をちゃちゃっと簡単に済ませてからはしばしヒーリングタイム。釣りの余韻に浸りながら満天の星空を眺め、島中に広がる波の歌を聴きながらの至福の晩酌。携帯電話の電波も入らず、俗世間から100％切り離された圧倒的解放感も手伝い、身体が大自然に溶け込んでいく。そんな感覚が日頃のストレスを浄化してくれるのであった。

そんな贅沢な時間を過ごしていると、北関東の我が家から宮城県までのロングドライブの疲れと重い荷物を背負って山道を歩いた疲れとほろ酔いが重なり心地よい睡魔に襲われる。

空になったペットボトルやビールの空き缶は朝起きてから片付けることにしてテントの横に綺麗に並べて早々に就寝。明日の釣果に期待しながら深い眠りについたのだった。

その声は森のほうへ……

「カランカランカランカラン…」

どのくらい寝ただろうか。テントの横に置いたビールの空き缶が急に転がっていく乾いた音に気がつきふと目を覚ました。

「天気予報がハズれて風でも出てきたのかな？」
金華山は海上にポツンと飛び出た孤島のため、天気予報がハズれて急に荒れることがあるのだ。完全に暴風になってからではテントを安全な風裏に移動させることもままならなくなるため、面倒ではあるが一旦寝袋から抜け出して状況確認のためテントの外へ。

「コロンコロン…」

テントから出る際、寝る前に並べておいた空のペットボトルに足がぶつかるも気にせず辺りを見回した。幸い風は微風で時化の兆候も見られずひと安心。
まだ眠い目を擦りながら転がったビールの空き缶を拾いテントの中へ。寝袋に入り時計に目をやると深夜1時半を少し回ったところ。起床予定時間までまだ4時間以上もある。
外に出て外気に触れ少し歩いたことで目が覚めて

しまった。思考も正常化し、そこで違和感に気がついた。

「なんで空き缶は転がっていったのに空のペットボトルはそのままの場所にあったんだろう？」

しばし考えてひとつの考えにたどり着く。

「サルかシカの仕業か……？」

金華山には野生のサルやシカが数多く生息している。もちろん灯台近辺にもたくさんいるので、そのどちらかがテントに近づき悪さをしたのだろう。

そう自分に言い聞かせて寝袋に入り、しばらく目を閉じていると眠気が復活。うつらうつらしていると、今度は「タッタッタッタッタ…」というテントの周りを走るような足音が聞こえてきた。せっかく寝入るところだったのに水を差され目が覚めてしまった。

「また来た、しつこいサルだな……」

苛立ちながらも寝袋から出るのも面倒なので気にせず寝てしまおうと寝袋に潜り込んだところ、今度は「バターン、バターン」という音が。立てかけておいた釣りザオが倒れる音だ！　さすがに釣り道具をイタズラされては困る！　サオを折られでもしたら明日の釣りにも支障が出る。

急いで勢いよくテントから飛び出すと、野生動物を追い払うように「おら～!!」と大きな怒鳴り声をあげた。

しかし、辺りを見渡しても……何もいない……。ライトを片手にぐるっとひと回り偵察しても何もいない……。

うっすらとは気がついてはいたものの、気がつかないフリで誤魔化していた自分を諦めさせるには充分過ぎる現実だった。

ちょいちょいこのようなことが起こるのが金華山キャンプなのだ。頭ではわかってはいるつもりでもゾワゾワさせられる。

いつもどおりの金華山

ふと時計に目をやるとまだ2時半。本来ならばと

っとと逃げ帰るシチュエーションなんだろうけど、ここは離島。しかも霊場。すべてを受け入れて朝が来るのを待つことのみがこの事態の絶対的対処法なのである。

テントに入り寝袋に潜り込むが、こんなときに限って時間が立つのが本当に遅く感じる。

「まだ15分しか経ってない……」

「やっと30分か……」

時計とにらめっこをしているうちに、いつしかまた眠っていた。

「ねぇ、遊んでよ！」

！！！！

なんとその声はテントの外じゃなく耳元で聞こえた！

「カァッ！」と身体中の血が逆流するような感覚が襲い、すぐに「サ〜」っと全身に鳥肌が立つ。コレが血の気が引くと言う感覚なのだろう。

さらにアドレナリンが「バァー！」っと吹き出しく「こんな時はどうすればいいんだっけ」と焦りまくるが、思考停止状態の私には対処法など考えつく余地もなく、ただひたすらに「南無阿弥陀仏…南無阿弥陀仏…南無…」と呟くのが精一杯だった。

5分……10分……いや、もしかしたら1分くらいしか経っていなかったのかも知れない。

「カラン…カラン…」

再び外に置いてあったビールの空き缶が転がる音が。と同時にテントの外でハッキリと「つまんないの〜」と子どもの声が……。

その後も少しの間テントの周りで何か「ゴニョゴニョ」喋る声が聞こえたが、しばらくするとその声は森のほうへと消えて行き、嵐が過ぎ去ったような脱力感だけを私に残して、波の音だけに包まれるいつもどおりの金華山に戻っていた。

あの世とこの世をつなぐ扉があるとされる霊場・金華山。もしかしたらこのような不思議な体験をすることのほうが「いつもどおり」の金華山なのかも知れない。

91

旧い地名と元寇防塁跡

生来の怖がりで霊感など持ち合わせていないと思っていた。とっておきの釣り場であんな体験をするまでは……。

髙橋 大介
たかはし・だいすけ
1976年8月6日生まれ。長崎県松浦市在住。メバル、アジ、チヌなど身近なターゲットをシステマチックなタックルで繊細に釣ることが得意なアングラー。

車が引っ張られる……

私は子どもの頃から超が付くほどの怖がりで、夜中に一人でトイレに行けず、度々おねしょをしてしまうような少年であった。今でもホラー系は苦手で、デートで彼女が観たがった恐怖映画の途中、余りの恐ろしさから彼女にしがみついてしまったことも今ではいい思い出だ。

とはいえ自分自身では霊感的なものは一切なく、いわゆる視えるか視えないかで言えば視えない側の人間である。

そんな私の趣味は魚釣り。中でも大好きなのがルアーでねらうメバル釣り。冬から春にかけてがシーズンで夜行性なこともあり、平日の仕事終わりからでも楽しめるので、夜な夜な釣りに出かける毎日である。

十年ほど前の冬、三日間まるで嵐のように海が荒れ続き、ようやく時化も収まったある日。前日までが嘘のように海は凪ぎ、久しぶりに釣りに出かけることができた。夕方から数ヵ所を転々とするも思ったような釣果も得られず、日付が変わる頃、最後にとっておきの場所へと移動した。

そこは長崎県松浦市の星鹿半島にある逃げの浦の

石波止。石波止までの道はわかりにくく道幅も狭いため、釣り人はおろか一般の人もまず来ない。でも釣れる魚は大きく数もねらえる自分だけのポイントだった。石波止の根元には「逃げの浦石塁」の看板がひっそり掲げてあり、その奥には朽ちかけた石積みが残っており、遥か昔の元寇の際に防塁として作られたものだそうだ。何度も訪れた場所でもあり、何も気にすることなく釣りを開始したのだが、他の場所同様、釣果は芳しくない。

気分を変えるべく一服しようと煙草に火を点けた。その瞬間、左の林から「ガサガサッ」と何かが藪の中を動く音がした。急な物音に驚いたが、おそらくイノシシだろうと煙草を吸い終え釣りを再開しようとしたとき、ふわっと風が吹いた。不思議なのはその風が、ネックウォーマーの隙間から首筋にヌルっと入ってきたのだ。

「うわっ、なんか気持ち悪っ」と思った瞬間、再び左手の藪からガサガサッと音がした。ただ先ほどと違うのは、その音が一瞬で終わらず、断続的にガサガサッ・・・ガサガサッ・・・ガサガサッと続き、何かを引きずっているような感じがするのだ。奇妙な感覚に陥りつつ、次の瞬間、身に着けているライフジャケットの後ろ側を何者かに引っ張られた。「あれ?気のせいかな」と思ったその直後、今度は確実にグイッと引っ張られた。

心臓が飛び出るかと思うぐらいドキドキしながら、「これはヤバいやつだ、何かわからないけどヤバいやつだ。理屈じゃない、とにかくここにいちゃダメだ」と感じ、慌ててその場を離れるべく車へ向かった。

いつもならばトランクルームを開けて道具を積み込むのだが、その手間すら躊躇われる。運転席のドアを開け、助手席にタックル一式を放り込みながら運転席に乗り込んだ。エンジンをかける際、ふと頭に嫌な予感がよぎる。もしエンジンがかからなかったらどうしよう……。一抹の不安が頭をよぎるが、幸い一発でエンジンはかかってくれた。「よかった…」と安堵しつつ急いでこの場を後にしたい一心でアクセルを吹かした。

しかし「キュルキュルっ」とタイヤが空転し一向に前に進まない。地面はコンクリート舗装なのに。車に乗っているのに後ろから引っ張られるような感覚で、何が何だかわからない。パニックになりながら一度アクセルを戻し、再び踏み込むとどうにか前進することができた。

車は動いたが気になることがもうひとつ。来た道を戻ればいいのだが、なぜか胸騒ぎがしてそちらへは戻りたくないのだ。とはいえこの場所からはいち早く離れたい。幸い、道はより狭く、勾配もきつく、曲がりくねってはいるものの、来た道とは反対方向にもう一本別の戻り道があり、そちらへ向かうことにした。

車が一台ようやく通れる狭い道を慎重に進む。発進時と同じように、何故だか後ろから引っ張られるような感覚で時々タイヤが空転する。とてもじゃないがバックミラーはおろかサイドミラーすら確認できない。視えたわけじゃないが後ろに何かいる気配がするのだ。視えないけど視えてしまう気がする。ただただ前だけを見つめ、３００ｍほど進んだところで民家の灯りが見えた。そしてその瞬間、今まで車の周りにまとわりついていた〝何か〟がふっと消え去った。

古い地名の由来を紐解けば

パニック状態のまま車を走らせコンビニへ。駐車場に着くと、どうにか落ち着きを取り戻したのだが、ひとつ腑に落ちないことがあった。

急いでその場を離れたかったのに、なぜ来た道に

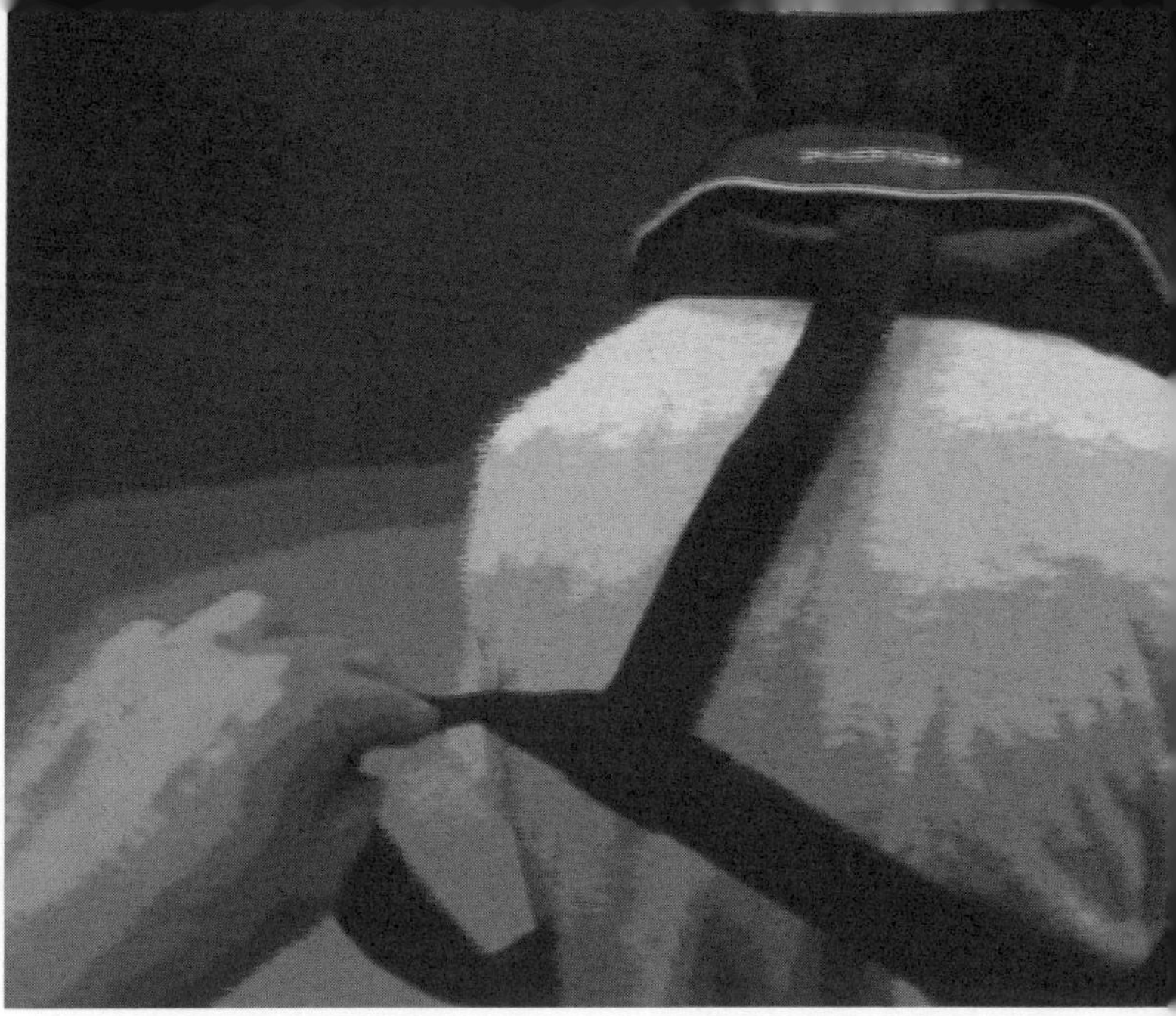

戻るのが嫌だったのだろう。苦労してまで狭くて運転しにくい道を選んだのだろう。そう思って頭に地図を思い浮かべた。そして一つの事実に気がついた。

私は建設会社に勤めており、入社当時は土木工事の現場監督を務めていた。年配の先輩現場監督から言われたのが、設計図面だけでなく字図もよく調べなさい、今では廃れた地名も載っているし、地名にはそれなりの由来があるからと教えられていた。

星鹿半島の仕事をした折、先輩に教えられた通りに字図を調べ、気になったのが「血田」と「千人塚」というおどろおどろしい地名であった。

逃げの浦の石波止から来た道を戻ると、昔この一帯を治めていた松浦氏の居城跡である城山への入り口とぶつかる。さらにそのすぐ前に広がるのが以前知った地名の血田であり、千人塚がある一帯であった。もしかしてこの地名には何かあるのではないか。それを本能的に避けたのではないか。そう思い、帰宅して一息ついてからパソコンの電源を入れ、インターネットの検索エンジンにキーワードを打ち込んだ。地名を知った当時は、その由来を知るには図書館等で調べるしか方法もなく、そんな手間をとろうとは思わずにいたのだが、インターネットの発達した現在ではローカルな郷土史なども調べることができる時代になったのだ。

まずは「逃げの浦」について調べてみると、逃げの浦の石塁とあり、これは石波止に設置されている看板にあるとおり、元寇の際に作られた沿岸防備のための石積みであった。

さらに検索ワードに「血田」と「千人塚」を加えてみると想像していたとおりではあったが、やはり血生臭い歴史の事実を知ることになった——。

元寇では神風的な嵐で元軍は大打撃を受け撤退することとなったのは知っていたが、その残軍の掃討戦もこの星鹿半島一帯では繰り広げられたようである。その陸地戦で田畑には流れた血があふれ、「血田」という地名になったらしい。また海上戦や嵐により、逃げの浦を含む星鹿半島の海岸に流れついた大量の死屍は、その死臭で魚が大量に死んだほどとのこと。その死屍を星鹿半島の人々は丘の上の森へと運び、塚を掘って供養したそうだ。それが今も残る「千人塚」の由来であることがわかった。

それらを踏まえ、私が体験した一連の恐怖体験を振り返ると、私が訪れたのは冬の嵐とも思える大時化の後、前日までが嘘のようなベタ凪。日付も変わり丑三つ時に差し掛かった時間帯。思い返せばいかにもといった状況であった。また私がなぜか避けた帰り道は血田や千人塚へと続く道であったのも、本能的にそこを避けたかったせいかもしれない。あの一連の恐怖体験は私の恐怖心が生んだ幻覚なのか、元寇で亡くなった霊の仕業なのか、どちらなのかはわからない。しかし地名にまつわる背景を知ると、もしかしたら……との思いは消えることがない。

こんな怖い体験をして、もうここに行くのはやめとこうと、しばらくは足が遠のいていたのだが、そうは言っても魚はよく釣れるマイポイント。今でも足繁く通っている。ただ嵐の後と丑三つ時は避けてはいるが。

男女群島の怪奇現象

夜の磯にひとり多い……。それは明らかに現代人の姿ではなかった。

米山 保
よねやま・たもつ
1948年静岡生まれ。日本大学芸術学部写真学科中退。長崎県佐世保市在住。平戸、五島、男女群島の磯でメジナやイシダイ。船からマダイやヒラマサをねらうほかアラスカ、カナダ、ニュージーランドでのサーモン、トラウト釣りの経験も豊富。雑誌、新聞に釣行記を執筆している。

3000人を飲み込んだ海

九州の地図を広げてみると、長崎県西方の海上に五島列島が連なっている。列島の南端は人口3万7000を有する福江島。そこからさらに西側に目をやると、広大な東シナ海の一角にニキビのような点々があり、男女群島と記されている。

この絶海の無人島群は福江島の西南西70㎞。対馬暖流が渦巻く海岸は海蝕崖や柱状節理の断崖に囲まれ、人の接近を拒んでいる。空気ボンベを背負い群青の海に潜ってみると、タカサゴやカツオなどの回遊魚が群れ、岩礁には無数のメジナやイシダイが棲息、クレバスの中では巨大なアラがギョロリと目をむいた。

歴史上では8世紀後半、遣唐使船の航路の目印となり、江戸時代は多数の漁船が押し寄せた。明治19年、珊瑚が発見されるとゴールドラッシュならぬ珊瑚ラッシュがわき起こり、手漕ぎ船がひしめき合うようになった。しかし気象情報のない時代。海難事故が多発し、明治28年には台風で約300人、38年1200人、その翌年1000人、大正3年は60人が遭難、その他の海難も含むと約3000人が犠牲になった。彼らは愛する妻や子、親兄弟や恋人の名を叫びながら襲い来る荒波に呑み込まれていったのである。

台風が過ぎ去ると岩場には遺体が累々と打ち上げられ、波間には水死体が漂った。が、行方不明者も多く、福江島の大蓮寺や妙泉寺に慰霊碑が建立され、男女群島には千人塚が築かれた。

遭難者の出身は津々浦々に及び、鹿児島県南さつま市の秋目地区では毎晩かがり火を焚き、珊瑚船の帰りを待った。が、もうダメだと諦めたその夜、沖のほうから櫓を漕ぐ掛け声が。「それ船が帰ってきたぞ～、風呂を沸かせ、芋を煮ろ」と大騒ぎになったが、30数名の村人はついに帰って来なかった、という話が伝わっている。しかし待つ人や帰る家のない無縁仏は、今も周辺の海上をさ迷っているのか、男女群島では亡霊の目撃情報が後を絶たない。珊瑚は宝石としての価値が高く、その一方で当時の農漁村は貧困にあえいでいたため、男たちは一攫千金を求め、命をかけて珊瑚船に乗り込んだのだ。

男女群島では釣り人の遭難も後を絶たず、昭和56年2月17日長崎港から釣り客12人、乗組員6名を乗せて男女群島に向かった瀬渡し船の栄福丸は大波を受けて転覆。死者12名、行方不明者4名、奇跡的に救助された人も低酸素脳症で重度の障害を負うという痛ましい惨事が起きている。

この遭難は私も他人事ではなく、釣友Kと事故当日の予約を入れていたのだ。ところが出港2日前に上司から出張を命じられ、泣く泣くキャンセル。私は上司を恨み、巻き添えを食ったKは私を恨んだ。ところが転覆事故の報を知ると私は一転、「おかげで命拾いを！」と上司に平身低頭、Kは「死なずに済んだ」と私に愛用のリールを差し出した。後に私のドタキャンを知った友人たちは「何たる悪運」と驚いたが、まさに〝人間万事塞翁が馬〟、生と死は紙一重であった。それから3年後、私の車を追い越したワゴン車が赤信号で停車するとトラックが突っ込み、ワゴン車の運転手は即死した。死者には申し訳ないが、私の身代わりになったようなもの。余りにもむごい運命の悪戯に私は震えが止まらなかった。悪運は続く。4年前、薪割り中に怪我をして病院に行くと、廊下ですれ違った友人の医師が「ついでに胃カメラも」と言う。私は白衣恐怖症だが、父が「医者と警官には逆らうな」と言うので翌日検査。すると癌が見つかり、胃の3分の2を切除した。以来、暴飲暴食ができず、手術前より健康になった。友人たちは「(悪運は)次もあると思うな」と言うが、私は単なる偶然とは思えず、何かしら時空を超えた超常現象ではないか、と思っている。

幽霊にモノを投げると……

私が住む長崎県佐世保市は五島や男女群島に近いので、釣り人のパラダイスである名礁には幾度となく足を運んだ。過去の釣り日誌を紐解くと、平成14年1月の夕刻、熊本市の釣友Mと私は男女群島北端の独立礁、上の赤瀬(かみのあかせ)に上礁している。先客は2組4人で夜釣りのオナガメジナねらい。私たちは日中のイシダイ釣りなので、翌日に備えてエサの赤貝を割り、一杯やって寝袋に潜り込んだ。

夜中の2時頃。先客が私たちを揺り起こし「上礁したのは6人なのに、7人いるので気味が悪い」と訴えた。彼らが指さす先に目をやると、薄暗い星明りの下、おぼろげな人影が岩に座って海を眺めている。距離は30、40m。ザンバラ髪が風に揺れ、ぼろぼろの綿入り半纏(はんてん)姿で、釣り人でないことは明白。それまで私は幽霊の噂は聞いていたが、出会ったことはないので「ついに出たか」と震え上がった。するとMが居丈高に「お前は誰か?」と問いかけた。しかし相手は微動だにしなかった。

Mは先祖が加藤清正の家来、という〝肥後もっこす〟だ。「返事をせんか」と怒鳴るなり赤貝を3、4粒掴んで投げつけた。すると人影は漆黒の海に吸い込まれるように消え去った。私は呆然としながら「ここは多くの遭難者が眠る神聖な場所ぞ、初対面の人(幽霊?)に失礼だろう」とMをたしなめた。事の一部始終を目撃した先客は「こりゃ釣りどころではない」と私たちから離れず、夜明けに渡船が来ると、あたふたと荷物をまとめて立ち去った。残った私たちはイシダイ釣りに専念したが、この日アタリはなかった。

男女群島から戻って3日後、Mが電話で「幽霊が出た」と言う。私は「夢だろう」と受け流したが「夜中に目を覚ますと半纏を着た幽霊が窓の外を見ていた」「それでどうした?」「気色が悪いので布団を被って震えていた」と、さすがの豪傑も幽霊は苦手のようだ。

それから2日後、再びMから電話。「参ったよ、昨夜は幽霊がオレを見ていた。無表情で死人のようだった」「幽霊は死人だろう」「そりゃそうだが、オレはアンタと関係ないのだから来るなと言った」「関係ない事はないだろう、赤貝をぶっつけたんだから」「それは悪かったが、毎晩出るので恐ろしい。アンタ泊まりに来てよ」「冗談言うな、幽霊の出る部屋に誰が行くか。それよりもテレビか新聞を呼べば謝礼が出るかも?」と言ったが、つまらぬ冗談で幽霊の気分を損ね、我が家に来たら困るので早々に電話を切った。

が、Mは釣友だ。もし私が海に落ちれば彼は飛び込んで助けに来るだろう。逆なら私もそうする。いわば命のやり取りをする仲だから、彼の苦難を見過ごす訳にはゆかぬ。とは言っても今回の相手は厄介だ。そこで傾向と対策は、とりあえず幽霊との真向勝負は避け、餅は餅屋に任せることにした。

というのも以前、私の従弟が肺癌の末期に陥ると「苦しい〜、殺してくれ〜」と、息も絶え絶えに断末魔の叫び。思わず私が立ち尽くすと、明治生まれの祖父が「お祓いで悪霊を取り除こう」とつぶやいた。

翌日、病室に呼ばれた女祈祷師（推定70歳）は「死霊が見えるので命を助けることはできないが、苦痛を和らげることはできる」と言って呪文を唱え、お祓いをした。それから2日後、従弟はさして苦しみもせず旅立った。以来私は「祈祷は効く」と信じている。

そこでMに電話。「祈祷師を呼んでお祓いをしてもらえ」「祈祷師?お祓い?効くのか?」「四の五の言わず善は急げだ。信じる者は救われる。サントリーの社長も言うだろ。〝まずやってみなはれ〟」とい

うことで、祈祷師を呼び、お祓いをしてもらったところ、その夜から幽霊が消えたそうだ。後日、Mは「おかげで助かったよ」とイシダイザオを持ってきた。

そもそも私は神や仏の存在を信じるタイプではない。が、信仰心は大事だと思っている。また幽霊とか祈祷を「非科学的」と言う人もいるが、宇宙の中で人間が科学的に立証した事象は如何ほどであろうか。むしろ未解決のほうが多いのではと考える。ちなみに〝苦しまないで死なせる〟という祈祷師は、私も死ぬ時はお願いするつもりでいたが、向こうが先に逝ってしまった。

肥後もっこすのMは2016年の熊本大地震で自宅が倒壊、それから3ヵ月後、脳出血でこの世を去った。享年58歳。相次いでMに降りかかった災難を、私は〝幽霊の祟り〟とは思いたくないが、孫たちには「幽霊と出会ってもモノを投げてはならん」と言っている。

●参考資料　新田次郎著「珊瑚」

頭に乗せられた手

コウモリが飛び去ると、私の頭はぐっと押さえ付けられた。

反町工健

そりまち・こうけん

1965年生まれ。群馬県在住。主に本流域の大ものをねらうが、釣法はルアーやフライ、エサ釣り、テンカラなどなんでも楽しんでいる。今シーズンは取材のために各地の滝壺を巡る予定。どんなヌシに出会えるのか……。

笠島の地磯

5年前の出来事である。

新潟県中越エリアは、海なし県の群馬に住む私にとっては一番近い海だ。秋にはアオリイカ釣りが楽しめるエリアである。渓流トラウトが禁漁を迎えるころ、海へとシフトしていくのは、自然な流れだった。ことにアオリイカの美味を味わってしまった私は、年を追うごとに新潟の海にのめり込んでいった。

10月上旬、その日は地元の釣友を誘って中越方面へ向かっていた。日中に下見をしながらランガンしていたなかで、笠島の地磯が目に留まった。日没からのプライムタイムに再度挑戦しようと釣友と作戦会議。時合が来る前に、不足していた餌木を求めて釣具店へ足を運んだ。話は逸れてしまうが、釣友の彼は2号の餌木をチョイス。一方で私は、この時期でも3.5号と決めていた。さまざまな釣りにいえることだと思うけれど、大きな魚には大きなルアーが当てはまると思う。

タマヅメに地磯へ到着し、19時を過ぎたころには一面真っ暗になった。防波堤なら常夜灯の明かりもあって少しは視界が保てるけれど、ヘッデン（ヘッドライト）をつけなければまったく視界のない地磯では、波が当たる音くらいしか、周囲のようすを感じる術はない。明るいうちに確認していた方向へ何度も餌木をキャストしシャクった。ロッドへ伝わる感触や、ラインに触れる指に神経を注いで、餌木を抱いているのか否か神経を集中させていた。

釣りの合間に空を見上げると、この日は流れ星がたくさん流れていた。ちなみに流れ星が流れている間に願いをとなえれば、その願いが叶うと昔から聞いていたけれど、今まで叶った試しはない。

そんなことを考えながらキャストとシャクリを繰り返していたが、肝心のアタリはなかった。時刻を確認すれば、すでに21時に迫っている。そろそろ場所を変えたほうがいいかな……。そう考えている時に、突然「フワッフワッフワッ」と羽ばたくような音が聞こえた。


友人かと思ったら……


「こんな時間にカモメ？　それとも大きなコウモリか？」

星の薄明りのなか、羽ばたく黒い影が、ちょうど頭上を飛んでいった。すると次の瞬間、私の頭を誰かの手がグーっと抑え込んだ。

なにしろさっぱりな釣果だったから、場所を移動しようと近寄ってきた釣友が、私を驚かせようとしたのだろう。そう思った私は「移動する？」と声かけながら振り向いた。しかし、後ろには誰もいなかった……。

誰もいないことに驚いた私は「ヴワーッ！」と叫んでしまった。その声に驚いた釣友が、近くの岩場からヘッデンをつけて小走りに私のほうへ向かってきた。

「どうしたん？　波に呑まれたのかと思ったよ」

釣友は私にヘッデンを向けた。

「いや、なんかコウモリみたいなものが羽ばたいていった後に、頭を手で押さえられたんだよ」

私の頭にはまだ、その手が当たった感触が残っていた。間違いなく、鳥やコウモリの羽根が当たった感じではない。手のひらにしては大きかったが、はっきりと指の感触が頭に伝わってきたのだ。

必死に説明する私。それを聞いた釣友は「そんな話聞いたら背筋がゾクゾクしてきた。とりあえず車へ戻ろう!」と、結局その後は他の場所へ行くこともなく、釣果のないまま帰路についた。

それ以来、私は夜間の地磯へ行くのが怖くなってしまい、夜は常夜灯や明かりのある場所での釣りにシフトしてしまった。

ドミニカの伝説

以降の話は、直接釣りとは関係ない。しかし前述の経験とどこかつながるように思うので、ここで紹介しておきたい。

あの体験の後、仕事でドミニカ共和国へ行った時のことだ。滞在中に取引先のドミニカ人宅の庭で、私の歓迎パーティーをしてもらった。食べて飲んで談笑した後、庭の隅で一服するために会場を離れた。ドミニカでタバコを吸う人は少なく、参加者のなかでは私1人だった。外灯や車のライトで薄明るい夜空を見上げながら、私は一服していた。

その私の頭上を、あの時と同じような大きなコウモリが、やはり「フワッフワッフワッ」と音を立てて飛んでいったのである。そのコウモリは日本では見られないくらい、かなりの大きさだった。ただし、今回は頭を押さえつけられることはなかった。

会場に戻った私は「ドミニカにはこんな大きなコウモリがいるんだね」と両手を広げながら、パーティーに参加していた10人ほどの人々の前で、今見た光景を話した。すると参加者は急に顔色を変えて、なんと全員が帰ってしまったのだ。取引先の男性に「何か問題があった?」と聞いたところ、彼はこう教えてくれた。

「大きなコウモリを見た後、そのコウモリに子どもを連れ去られてしまうと、ドミニカ人は信じているんだよ。だから皆、子どもが心配で帰ったんだよ」

もちろん、その男性の知る限りは実際そのようなことはなく、迷信のようなものだと話していた。

ただ聞いてみると、ドミニカ共和国には両手を広

げるほど大きなコウモリはいないらしい。するとあれは何だったのか……。
笠島で見た得体の知れないものは、もしかしたら私をつかんで連れ去ろうとしたのだろうか？　年中魚釣りに夢中になっているというのは、子どもっぽいといえなくもないが……。ドミニカの経験とは関係のないことかもしれないけれど、「フワッフワッフワッ」と音を立て飛んでいった音と、手のひらに押さえ込まれた感触は、今でも記憶に残っている。

恐怖のコーポは今もまだそこに建つ

関西人の私は阪神淡路大震災も経験している。
そこまでの巨大地震ではないが、
体感的には震度5強の激しい揺れだった。

大久保 幸三
おおくぼ・こうぞう
大阪府在住。国内外を問わず、大ものから小ものまで、海から淡水まで釣り漬けの日々を送るかたわら、ロッドをはじめとする釣り具のプロデュースを手がけるプロアングラー。

霊感はあるのかないのか⁉

この原稿を書いている令和2年の春は自粛生活が続いているが、皆さん頑張ってキープハウスでコロナをやっつけて、また素晴らしいフィッシングライフを取り戻したいものである。

さて、釣りをすることだけで生計を立てる生活をおよそ30年続けている私にとって、「霊感というものがあるのかないのか」という議題は日本全国、釣りに行く先々でしょっちゅうあがるアルアルの話題であり、私からの答えはいつも決まりきっている。

「答えはＹＥＳである」

私にとって霊現象は当たり前に起こることであり、今さら有る無しの話になるのはいかがなものなのかと言わざるを得ない。

これは私の自論になるが、そもそも我々プロアングラーにとって、日々の生活そのものが、霊感を上げるトレーニングをしているようなものだと考えている。

なぜならばプロアングラーたるもの、魚が釣れるであろうその瞬間を見つけ出すために、常に潮や気候、風、気圧などの状況変化に対し、瞬時に反応できるように、また先読みできるよう常日頃から訓練している。

この生活習慣そのもの…つまり違和感に気が付く習慣こそがズバリ、霊感を上げるトレーニングになっていると私は考えている。逆に、プロアングラーなのに霊感がないっていうアングラーに対しては、いささか「どうなの⁉」って疑問に感じてしまうほどである。

つまり違和感に気付くことはズバリ釣果としてリンクするのと同じように、違和感に気付くことができるのであれば霊体を見たり感じたりするようになれると思うからである。

たとえば釣り場や走行中の車の中で私が霊体を発見したとき、しっかりと指差しなどをして、「ホラ、あそこに見えるでしょ⁉」と指摘してあげると十中八九の人が「うわ！ホンマや！」ってことになるのだ。

つまり見えていないのではなくて、そんなものあるわけない、見えるわけがないという固定概念が見えなくさせているだけであって、固定観念を払いのけ、違和感に気付くことができれば〝見える〟ようになれるのである。

余談になるが、釣り場などでよくヤバいと感じたり、おかしな声が聞こえることはないだろうか。その「ヤバい」や「変な気がする」こそが違和感そのものであり、いくら釣れそうなポイントであっても近づかないほうがいいし、それ以上は進むべきではないだろう。

そんな私自身の実際の心霊体験をこれから書くのだが、正直、あまりにもたくさんの体験があって、どれを書けばいいのか悩んでしまう。

実際、この依頼を受けた編集担当者との打ち合わせでもいろんなケースを話させてもらい、担当者からは「一番強烈な体験談をお願いします」とリクエストされた。そのときはこの話こそナンバーワンだと思い、神戸の漁港でのタチウオ釣りの際に起こった子どもの幽霊に出会った話を書くと伝えたのだが、さらに強烈だった話を思い出したのでそちらを書かせてもらおうと思う。

誰も共感してくれない地震

あれは確か15年ほど前のこと——。私が沖縄で巨大なGT（ジャイアント・トレバリー）を追い求める闘いに挑むとき、いつも相棒を組んでいるフィッシングサービスマンブーの前田船長の自宅に泊めてもらった時の話である。

新婚だった前田船長の奥さんは、私が泊まりに来るからということで、その日の夜は実家で寝ることになった。これはチャンスだ。その頃に、私たちがハマっていた『本当にあった呪いのビデオ』というシリーズビデオをレンタルし、ふたりで観ることになった。

このビデオは心霊写真のビデオ版みたいな感じで、「あー！これは作りものやん！」って映像もあるのだが、「ウワッ！これはめちゃめちゃリアルやん！」って映像もあり、そのリアルなドキメンタリーな部分にハマっていたのだ。しかし内容が内容だけに、なかなか観る機会と場所がなかったから、絶好の機会になったというわけだ。

実はこの話には伏線もあって、二階建ての二階の角部屋に住んでいる新婚・前田家では日頃から、誰もいるはずがない屋根の上を昼夜問わず、人が歩いたり走る音が聞こえることがよくあるそうで、私の霊感が強いことをよく知る前田船長から「幸三が家に泊まりに来たらたぶん凄く騒がしいことになるよ」と言われていたのだ。

そんな条件が整った環境のもとで、心霊映像鑑賞

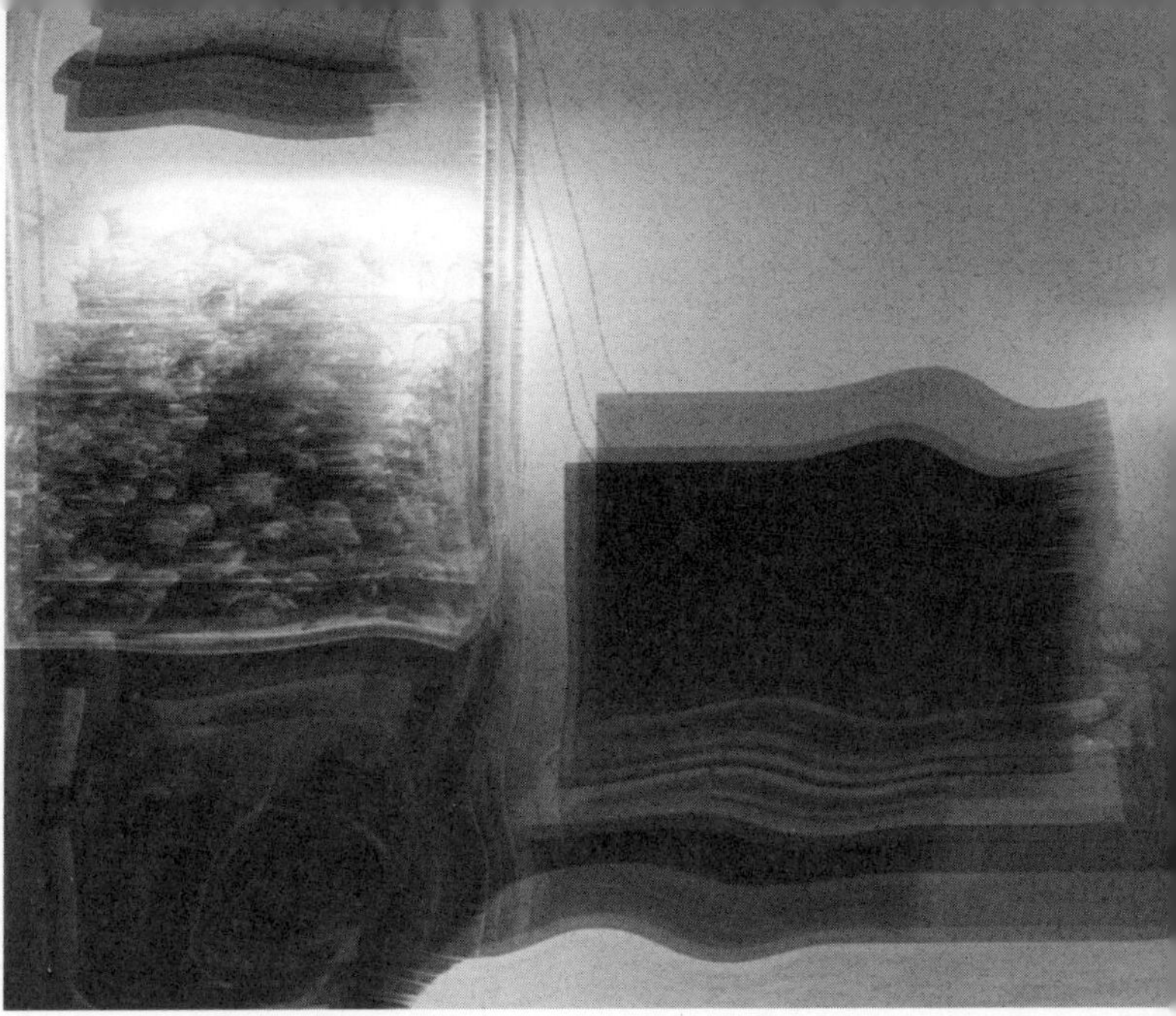

が始まったのである。

ことの顛末を書く前に、その時の前田家の間取りを少し説明すると、まずは6畳ほどの部屋が縦に2つ並んでおり、その1部屋は壁いっぱいに熱帯魚を飼っている大型水槽が2つ、そしてテレビが並んでいた。この部屋に布団をセットし、私は寝させてもらった。その隣に同じく6畳くらいの寝室があり、この部屋で前田船長が寝た。その2部屋を繋ぐ10畳ほどのリビングキッチンが玄関側にあり、いわゆる2LDKであった。

テレビのある部屋に入るとすぐに、事前に聞いていた頭上を走る音がタッタッタッタッタッと聞こえ、ビデオを観進めて行くほどにその音は強くなり頻度が増えていた。

音が聞こえるたびに顔を見合わせ、「なっ!」と前田船長が言う。

そんなことを何度か繰り返しているうちビデオも観終わったので布団をセット。明日も5時起きだからそろそろ寝ますか!となるが、やはりふたりとも頭上の気配やビデオの余韻が相まって、寝室もリビングもすべてのフスマを全開にし、電気もつけたまま寝ようぜということに。しかし、朝が早いのになかなか寝つけない……。

ここから絶対に負けられない戦いが始まった。先に寝られたら、残されたほうはたまったものではないのだ（泣）。

明日の操船に支障を感じなくもないが、前田船長が寝てしまわないように様子見しながら、熱帯魚の話や釣りの四方山話に無理矢理花を咲かせていた私だったが、深夜0時をしっかり過ぎた頃、隣の部屋から寝息が聞こえだした……。さすがにこうなったらしょうがない。腹をくくって自分も寝ることに集中する。

目を瞑り続けて30分が過ぎたころ、なんとか眠りに落ちた。がその瞬間、水槽の奥の壁から〝ドン〟という衝撃音が家中に響き渡った。

「ウワッ！」

「そこの壁思いっきり蹴られたよな！」

まさに蹴られたと形容するにふさわしい謎の大きな音にふたりは叩き起こされたのだった。しっかりと目が覚めたふたりは、物理的に誰かが蹴ることなど絶対にできないバルコニーのない角部屋の外壁を指差し、何回も「誰かが蹴った…」と話していた。その直後、「ガタガタガタ……」という振動が聞こえた思った次の瞬間――。

「ゴゴゴゴゴゴ！」

「ガタガタガタガタ！」

「ガチャガチャガチャガチャ！」

「ドンドンドン！」

タンスもキッチンのテーブルも水屋もその中の皿や茶碗も、家中のすべてが強烈に激しく音をたて揺れ始めたのである！

ウワッ！ウワッ！ウワッ！ウワッ！　とても大きな揺れに立ち上がることもできない我々は、ただオドオドするだけ。

やがて10～20秒で激しい揺れは収まった。阪神大震災を経験した私は、「震度5強の地震だったな」

と口にしながら、地震の大きさを確認するために1時間前に電源を落としていたテレビを点けた。しかしあれほど揺れたのに国営放送は10分経っても30分経っても1時間経っても、地震の情報を伝える放送がなかったのだ。

地震の大きさは気になるし、地震報道がないことにも納得はできないが、さすがに寝ないと睡眠時間がなくなってしまう。仕方なくテレビを消し、眠りについた。

すぐに夜が明け、港へ向かう。この日は乗り合いでの乗船だったので、順番に集まってくる沖縄の仲間たちに「昨夜の地震凄かったよなぁ～」と言うと「地震なんかありましたっけ!?」と呑気な返事が返ってきた。「あの地震に気付かないってどんだけ眠り深いねん（笑）」と返したものの、その後も誰かが来るたびに話しかけてみたが、誰からも地震に対しての共感は得られなかった……。

ずっとモヤモヤした気持ちでその日の釣りを終え、すぐに前田船長の事務所へ行き、パソコンで24時間の地震情報をチェックしてもらう。スマホが普及してなかった頃なので、検索エンジンはパソコンからになってしまったのだ。

そしてチェックの結果は『24時間以内で日本列島であった地震は関東地方で震度1が1回あっただけ』だった。

すると前田船長は「あ……そう言えば、よく考えてみたら地震の最中、水槽の水が溢れるのが心配でずっと見てたけどよ、あれだけ揺れてたのに水面は何も揺れてなかったんだよなぁ……」と呟いた。「水槽のギリギリまで入れてある水が溢れたら掃除が大変だろうと思ったんだけど、水が揺れてないのを不思議な気持ちで見てたよ」と。

つまり地震と思っていたあの振動は、あまりにも強力で巨大なポルターガイスト現象だったということなのか!?

その後、前田船長一家はそこを引っ越したが、今も当時のままでそのコーポは存在し、今なお誰かがそこで生活をしているのだ……。

赤い写真

陸軍が使っていた井戸の水を浴びた後なぜか怪現象が続くように……。

水橋加知博
みずはし・かちひろ
1965年生まれ。JLA(ジャパンルアーアングラーズ)所属。物心ついたころから釣りを始め、ルアー&フライ全般を得意としている。海では石垣島のジギングなど、淡水なら源流イワナから北海道のイトウまで楽しんでいる。

科学で説明できないこと

世の中には信じられない偶然や、理解できない出来事がある。

20代のころ、シルクロードへの旅行中のことだった。真夏にもかかわらず、突然38℃を超える熱が出たことがある。翌日の早朝4時出発のパキスタンへの国境超えのバスに乗り、中国最西端を目指す予定だった。しかし、意味不明の高熱のために諦めざるをえず、予定変更を余儀なくされた。しかし、夜が明けるとウソのように熱も下がり、昼には普通に食事ができたのだから自分でも何が何だか今でも分からない。

その翌日、カシュガルから車をチャーターして中国最西端の町のタシュクルガンへと向かったのだが……道中、悲惨な光景を目の当たりにした。私が乗る予定だった国境越えのバスが谷底に転落、数名が死亡。そのバスには日本人も乗っており、顔に大けがをしたと後で聞いた。この事故現場からだと、一番近いマトモな病院といっても新疆ウイグルの街ウルムチまで行くしかない。2日かけてに何とか病院で診てもらえるような僻地。飛行機に乗れなければ、ポンコツのバスでのべ4日間ゆられなければならない。

あの突然の高熱は、ただの偶然なのか？　もし私があのバスに乗っていたら……と思うと今でもゾッとする。ただ、ポジティブに考えるならば、何か私を守る力がはたらいて国境越えのバスに乗ることを阻止したのかもしれない……。

今の科学では謎であることも、将来には解明されて常識として認識されることも多いのだろう。私自身、特別な能力があるとは思えないが、現在の科学と常識で説明できないことや理解できないことは一概に否定しないことにしている。

聞こえてくる騒音

もうひとつ、自分が体験した「理解できないこと」を紹介したい。それは10年くらい前の出来事だ。今、思い起こしても説明がつかない。事実としてあったことなので、この体験について科学的に説明がつくなら、ぜひとも教えていただきスッキリしたい。また、４人同時に体験した「偶然」なら、忘れてしまいたいのが本音だ。

それは、同じ釣りクラブで釣り仲間でもある藤原真一郎、豊西和典、伊川和隆（敬称略）との４人で体験した不思議な出来事だ。

梅雨メバルも終盤のころ、藤原と豊西の２人は当時、まだ人もまばらな和歌山県北部にある島へ釣行。伊川と私の２人も同行するはずだったのだが、急遽、富山行きの話がまとまり、夜から車を走らせていた。

阪神高速の堺線から環状線に入ったあたりで、メバルをねらっている２人に電話をして状況を聞こう……ということになり、伊川と私の２人は藤原に電話をかけた。当時、乗っていた車はトヨタのＳＡＩ。ハンズフリーで電話ができるので、助手席に座っている伊川も同時に話ができる。電話がつながった瞬間、藤原の電話口からは大宴会をしているような騒がしいようすがうかがえた。本当にどんちゃん騒ぎをしているかのような……。私が「宿にいるの？」と聞くと、いつもの藤原らしい冷静な声で「いいえ」という答え。

「じゃぁ、近くで団体がキャンプファイヤーでもしてる?」

そう聞くと「はぁ?」という不思議そうな声で答

えが返ってきた。

「いや、ものすごく騒がしいから! いったい、どこにいる?」

「当初の予定どおり、島へ渡ってますけど……。桟橋の近くで釣りをしてます」

電話の混線なんて考えにくいのだが。ハンズフリーなので、何か電波を拾っているのだろうか? そう思い、いったん電話を切った。すぐにかけ直したところ、やはり大宴会のような雑音。というか、まるで祭りの喧騒の中で電話しているようで、時おり男の声も混じるのがハッキリと分かる。

伊川が「豊西さん、なにを騒いでるんですか?」と聞く。

すると藤原は「少し離れたところで豊西さんは、ソーセージをかじりながら真剣に釣りをしてますけど」と、こちらの質問の意味が分からないという怪訝そうな返事。

何が何だか分からない……。何度か電話を切ってはかけ直してみたが、雑音のせいで正常な通話ができきない。仕方なく電話を切った。

ただ、この不思議なことは、それだけでは終わらなかった。後日、藤原から当日の写真を見せられて本当に驚いた。デジカメの画像には、戦時中は陸軍の野営地だった場所の井戸で、頭から水をかぶる豊西の姿が連続的に撮られていた。昔、下町によくあった手押しポンプを豊西がうれしそうに使っているのだ。

でも水が出た瞬間の画像には、驚愕という言葉以外はなかった。その画像は全体的に「真っ赤」だったのだ。フィルムでの撮影なら光が入ったとか原因も説明できるのだろうが、デジタルカメラでは根本的な故障でない限りはトラブルとは考えにくい。また、それまでの画像、それ以降の画像はまったく問題なく撮影できていた……。

真っ赤な写真

後日、友ヶ島へ同じようなメンバーで同行した時、伊川が豊西を撮影して画像確認をモニターでした瞬間「うわぁ……!! これ、見てください」と見せられた画像にも、何か得体のしれない赤い物体が写り込んでいた。そしてやはり画像が「真っ赤」なのだ。

また別の日、大阪と和歌山の県境に当たる大川峠付近で藤原が豊西にデジカメを向けた時は、何度ピントを合わせ直しても豊西の左上側に顔認証としてピントがロックされることがあったという。強制的にシャッターを切れば、やはり「真っ赤」な画像になって、消去しようとしても消去できず、挙句の果てには「この画像は消去できません」というメッセージが出たとか……。

また、これも別の日、藤原から聞いた話だが、同じ大川峠で釣りをしていた時のことだ。少し離れた豊西がエサ釣りと思われる人と話しているようす。藤原が「あの人、釣れたとか状況のことを何か言ってました?」と聞くと、豊西は「????」という反応。

「リグを組んでいたら、何か気持ち悪くなったので藤原の近くに来た」とのことで、他人とは話をするどころか、会ってもいないとのことだった。

なぜ豊西ばかり……と思ったが、つとめて気にしないようにしていた。豊西の体調や生活に特別な変調はなかったものの、しばらくの間は不思議な現象が続いた。

友人かと思ったら……

この海域、大阪と和歌山の県境あたりでは、藤原が釣りをしている時には「声」を何度も聞いているという。それは「誰？」と地磯の上に立つ藤原の左後ろから問いかけるように聞こえるのだそうだが、もちろん誰もいない。この声は、時間を同じくせずに複数の仲間も聞いている。

私も小学生くらいの女の子がはしゃぐような声を、実際に聞いたことがある。

ここにはイノシシなどの動物も生息しているので、それらのものだと言われるかもしれないが、皆ハッキリと「人の声」と断言しているし、私自身もそう感じた。

水辺では、このような不思議なことを体験されている方が多いようだ。仕事柄、動画の編集チェックなどをすることも少なくないのだが、今までに何度か不思議な音、人の声としか思えないようなものが入っていたことがある。複数のスタッフで確認しても、確実に聞き取れるという。仮に人の声ではなくても、何らかの現象があり、その音声を拾っているのは間違いない。少なくとも編集時には記録として残っていたのだから。

そして、それらの音声は編集段階で削除されてDVDとして世の中に流通していたり、ウェブ上の動画として配信されていたりしている。

このような不思議なことは、実のところ皆さんの身近で起こり得るし、起こっているのである。大多数の方も同じだと思うが、私もできることなら体験したくはない。

2週続けて起きた夜の怪奇現象

東北ではクロソイやアイナメが釣れる漁港が身近なところに存在する。しかしもう二度と行きたくないところもある——。

荒木 一樹
あらき・かずき
1998年生まれ、岩手県陸前高田市在住。岩手県沿岸南部をホームグラウンドにアイナメ、ソイ釣りを始めとしたロックフィッシュをメインにねらっている若手ロックフィッシュハンター。

青白い光

それは東日本大震災から数年経った5月のある日のこと。東北の被災地もだいぶ落ち着き、堤防の整備もかなり進み、釣りの大会などが再開され海辺が活気を取り戻していた頃のことです。

自分はいつものように友人3人と岩手県大船渡市にある漁港へクロソイをねらいでナイトロックを楽しんでいました。その日はサイズこそ出ないものの調子よく数が釣れ、みんなで楽しく盛り上がっていました。

そのうちに誰ともなく「前に一度爆釣していたあの漁港に行ってみよう」という話になり、私としては調子のいいエリアから釣り場を変更するのは名残惜しかったですが、同じ市内にある別の漁港へ移動しました。

移動先では手前の外灯下から丁寧に探っていきましたがバイトはなく魚の気配もありません。少しずつ奥の外灯の少ないエリアに向かいながらキャストを続けていきますが釣果を得られずにいました。ここまで魚の気配がないのはおかしいな、潮の関係もあるしパターンが前と違うのかな、などと思いながら試行錯誤を繰り返すもやはり結果はダメ。周りの友人たちも釣れているようすはなく諦めムードに。

A君はロッドを下に向けた状態でルアーを巻く釣りをしていました。巻く釣りでアタリがあるのか聞こうとA君に話かけようとしたとき、突然、青白い光がA君を照らしました。すぐ近くにいたB君が「なんだ、その青白い光は！」と言った次の瞬間、A君が海側に右腕を引っ張られたような姿勢で「ウワッ！」と叫びました。

すでにA君の上半身は完全に海の上にありました。下半身もかろうじて爪先が着地している程度という、ほとんど身投げの状態！　びっくりした私とB君が瞬時に両側からA君の身体を支え、必死で引っ張って堤防側へ救出しました。

「お前、ふざけてやったのか！」

「近くにいたから助けられたけどやめろよ！」

私とB君が怒声を張り上げると、A君は「あんなことふざけてできない……」と自分でも何が起きたのか理解できないという困惑の表情を浮かべていました。

5月とはいえ岩手はまだまだとても寒いです。ましてや夜の海に自分から飛び込むなんて自殺行為であり、普通に考えれば絶対やりません。

少し落ち着いてからA君が「引っ張られた時の力は大の大人くらいの強い力だった」と呟きました。仲間が近くにいたから助けられたものの、誰もいなかったらと思うと恐ろしい。何かにつまずいてバランスを崩して海に落ちそうになったのではなく、明らかに何かに右腕を掴まれた姿勢で一瞬にして海面へ引っ張られていきました。その姿は近くで見ていても衝撃的で、今でも友人たちとその話題になります。その後はそこの漁港には行くのが恐くなり近づかないようにしています。

不気味な鳥居

その翌週は、そろそろ釣れだす頃のアイナメを別の仲間たちと早朝からねらおうと決まりました。釣り場は大船渡市越喜来地区の友人宅のすぐ近くの漁港周り。そこはアイナメがよく釣れることから高校の時から友人宅にはよく泊まりに行き、釣りだけではなく海辺でバーベキューなども楽しんだとても思い出深い所です。

仲間たちは前夜から友人宅に集まって宴会をしているとのこと。私は飲食店で働いているため、後片付けなどを終えてから友人宅に着いたのは夜の11時過ぎでした。越喜来地区のその漁港に向かう途中で山道を降りるのですが、そこは外灯がなくとても暗い場所で、山道の途中にある小さな鳥居も以前から「なんでこんなところに」と不気味に思っていました。

山道を抜け、友人宅に着くとみんなはすでに就寝している様子。部屋には自分の寝るスペースもあまりなく「狭いところで無理やり寝てもな」と思い、車で寝ることに。そして、眠りについて30分後、車を軽く叩く音が。仲間の誰かが来たのかと思って車外を見るも誰もいません。本当に小さな音だったので気のせいかと思って再度眠りにつきましたが、またすぐに「ドンドン！」という音が。しかも先ほどよりドアやガラスを叩く力が強くなっています。眠ることができないので再度車の外へ。動物の可能性もあると思い周囲を遠くまで見渡しましたが何もいません。

もしかして驚かせようとして誰かが悪戯してる？　それにしては叩く力が強かったことに腹が立ち、また仕事の疲れも出てきているので再び眠りました。

ところが深夜1時半過ぎに完全に眠気が吹き飛ばされました。時折エアガンでも連射しているのかと思える連続音や、窓から響く「ドンっ！」という鈍く強い音。最初の音からすでに2時間も経過しています。ここまで続くのは悪戯の域ではないと確信。気づくのが遅すぎました。これはヤバい現象だと。

急いで車のエンジンをかけましたが、車を叩く音はやみません。車を発進させても「ドンっ！」という不気味な音が続きます。もう完全に仲間の悪戯でも動物でもない……！

パニック状態で暗い山道を走っている間も「ドンドン！」は止まりません。どこまで着いてくるつも

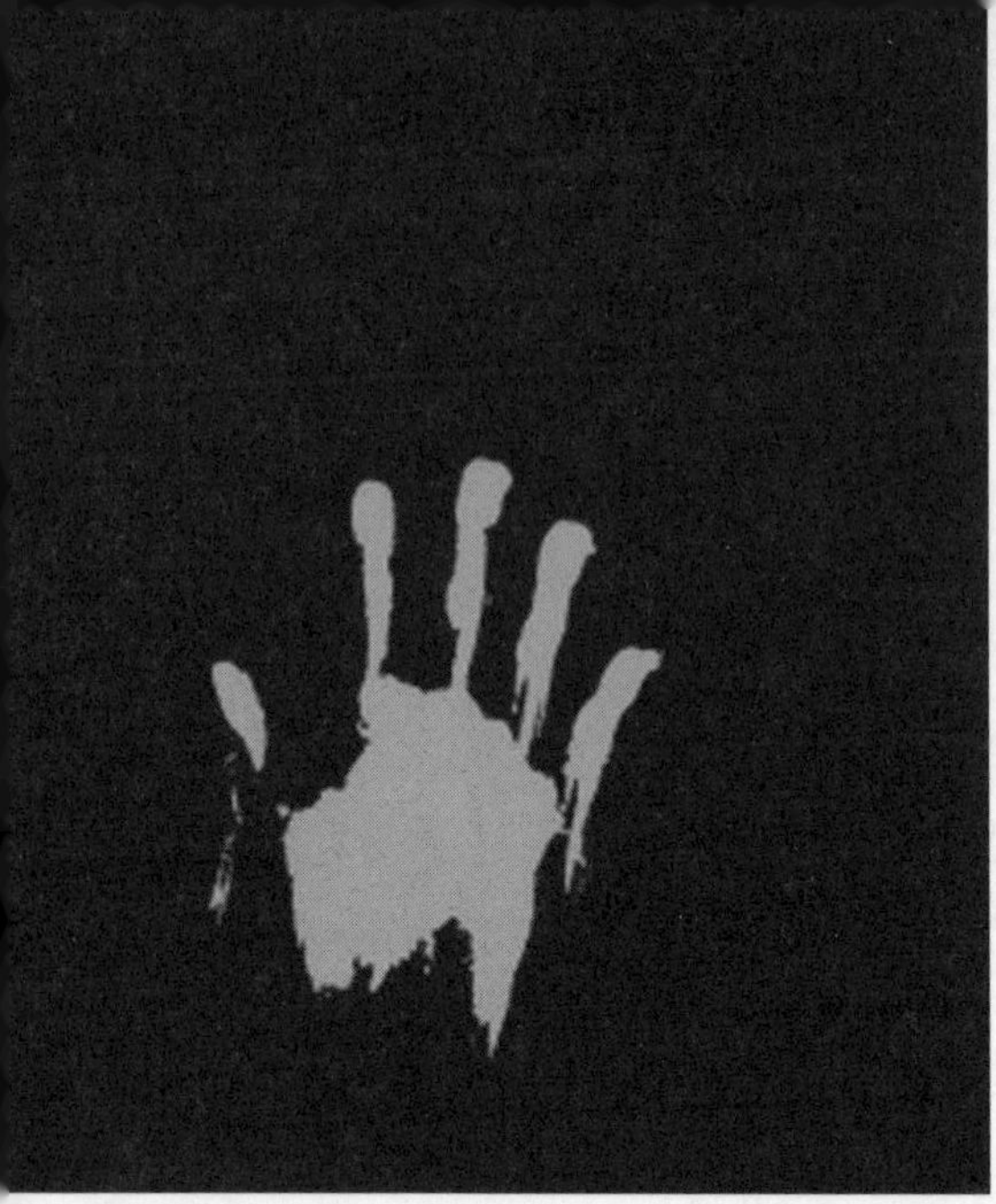

りなんだと思いながら車を走らせると、いつも不気味に思っていた鳥居が現われました。そこを過ぎた途端、さっきまであんなにも響き渡っていた車を叩く音がピタリとやみました――。
そこから30分の道のりは何もなく、無事に家に着いたときは本当に安堵感に包まれました。家に着いて眠っていると1時間後に着信があり「まだ仕事が終わらないの？　遅すぎるぞ、早く来いよ」という連絡が。「無理。眠い」と返事をして深い眠りにつきました。
翌朝、予定の時間よりもだいぶ遅れてしまい、漁港で仲間たちと合流したのは10時過ぎ。ロッドを出そうと車外に出ると、仲間のひとりが「なんだ、これ見ろよ！」と叫んでいます。見れば車の窓やボディーにハッキリと手形のような跡がいくつも残されていました。テレビ番組の恐怖映像でよく見る光景ですが、まさにそれが自分の車にハッキリと残されていたのです。
みんなで車を囲って昨夜の出来事を話しました。「実はそれ俺たちの悪戯だよ（笑）」と言ってほしい気持ちでしたが、仲間から出た言葉は「本当になんなんだよ……」だけ。実は1週間前の釣行でも一緒だったメンバーがひとりいて、それがA君でした。A君はなんとも言えない表情で手形を見つめて

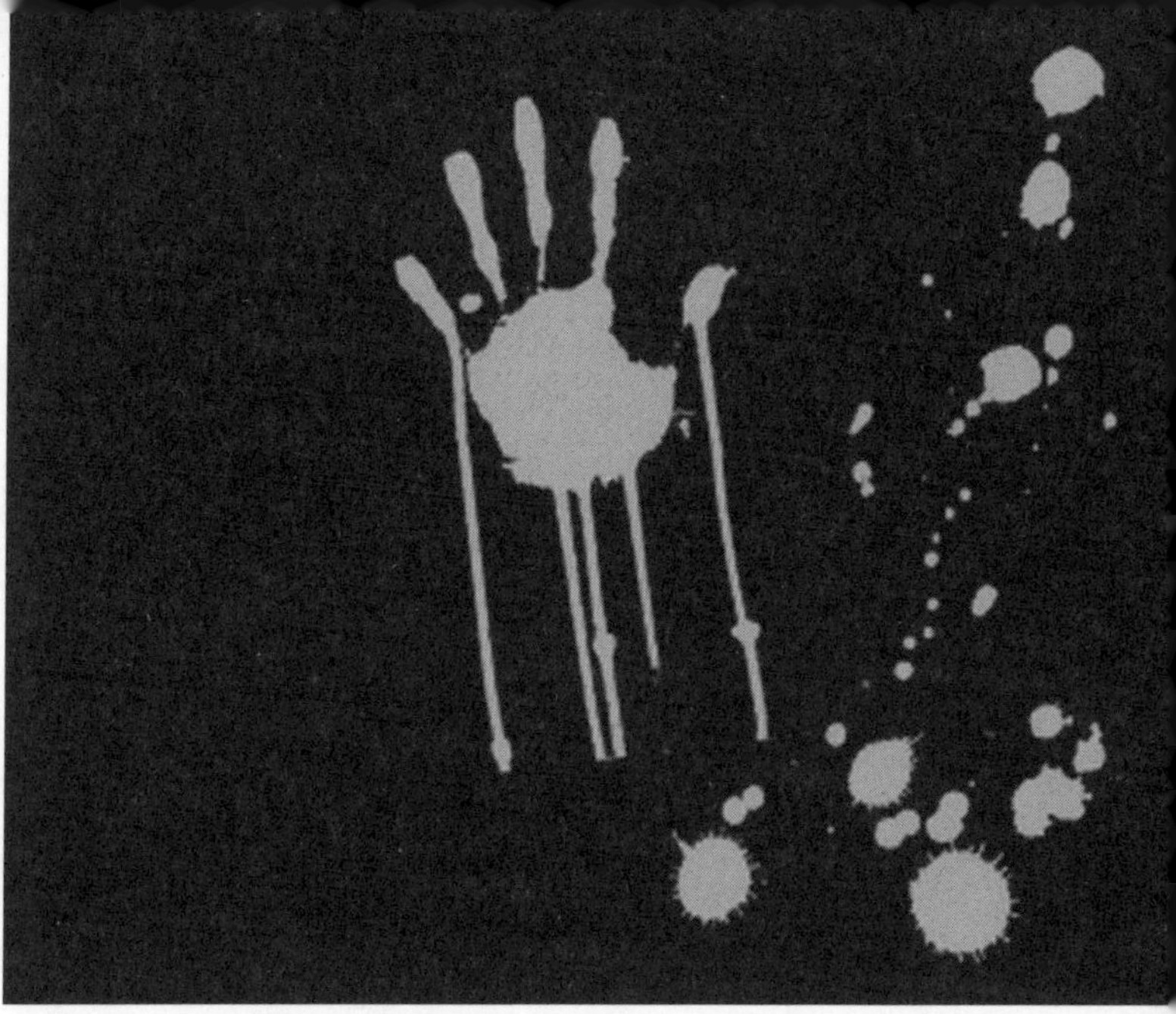

いました。
　それまで霊感などまったくないと思っていたのに、この2週間で二度も心霊体験に遭うなんて……。そして不気味に思っていた鳥居に救われるなんて……。とにかくもう二度とこんな体験はごめんです。

　後日談ですが、泊まりに行った友人宅には歳の離れた小学校低学年の妹がいて、「最近家の近くで遊んでくれる友達ができた！」と家族に言っていたそうです。母親と兄である友人が名前を聞くと○○ちゃんと言いました。名前を聞いた家族が驚きました。なんと妹が生まれる前に亡くなっていたお婆ちゃんと同じ名前だったそうです。ちなみにその集落は子どもが少なすぎて近所の学校が廃校になったほどの過疎地で、妹と近い年ごろの子どもは男女とも近所にはいないとのこと……。
　それを聞いて、友人と鳥肌を立てたのを今でも鮮明に記憶しています。

オジイと思い出の磯

この年齢になると、
かつて遊んだ仲間たちが
ひとり欠け、ふたり欠け……。
寂しくもあるが、いい思い出も多い。
そして思い出には続きがあることも……。

文屋 剛
ぶんや・ごう

東京都練馬区在住。水辺の怪談では常連の霊感イシダイマン。かつて月刊『つり人』にて「びっくりしたなあ、もう」というタイトルで数々の怪奇体験を連載していたほどの霊感の持ち主。

会津のイワナとE君

月日が過ぎるのは早いもので、気が付けばもう還暦を過ぎて体力も落ちてきたし、釣り道具にはなんたらルーペという老眼の強い味方が加わった。

椅子に置いて座ってみたらツルの先があそこに刺さり、「キャッ!」と叫んでしまった。痔の病に苦しむ同士はCMの真似などしないほうがいい。まあ、普通はしないだろうけど……。

そしてカワハギの祟りなのか頭髪だけは〝ハゲマスターへの道〟を歩んでいる今日この頃。

この年齢になると、さすがに私より先に旅立って行った仲間・友人も少なくない。病気や事故などで若くしてこの世を去った者もいるが、釣りの仲間は私より上の年代の人が多かったので、釣りに行って背筋が凍る経験を味わった戦友たちもひとり欠けふたり欠けして、残り少なくなってきた。

私が『つり人』という釣りの月刊誌で怪談を何度も書いていることを知る、釣りの会の会長も8年ほど前に亡くなった。彼は生前ネタにされていたことから「オレが死んだらお前のところには絶対に化けて出てやるからな」と言っていた。私は「会長が出ても全然怖くないもんね。化けて出るのは勝手だけどあの世に呼ばないでよ」などと笑っていたものだが、こういうことを言う人に限って出てきたためしがない。

過去の登場人物のなかには今も元気な男もいる。会津の山中で、地図に載っていない沢に迷い込んでイワナがよく釣れたのち、妖怪ヘビ女に追いかけられ、逃げ帰った宿で仲間たちにそのイワナを食べさせてしまった話に登場する「お化けとパクチーが死ぬほどキライ」なE君である。

この話が掲載された15年以上前は、まだインターネットが今ほど便利で当たり前の世の中ではなかったので、パソコン音痴のうえに釣りにはまったく興味のない彼が『つり人』など目にする機会は絶対にないと思っていた。

ところが5～6年前にやっとスマホを使いこなすようになったE君は、何を検索していたのか知らないが、この話を見つけてしまったのである。

「そういえば釣ってきた本人は手を付けないから変だと思ってたんだよ。あのときに食わされた魚はこれか！」

よほどショックだったのだろう。オートバイ仲間である彼は「もし何か見えても絶対に黙っていろよ！」と、ツーリングに出掛けても妙に怖い話には警戒するようになってしまったのだ。

そのお詫びというわけでもないが、以前から彼が欲しがっていた私の古い大型のオートバイを譲ることにした。３００kgを超える車重は、今の私にはさすがにキツくなってきたのだ。

巨漢の彼は軽々と扱い、喜んで乗っているが、これがいわく付きのオートバイということをまだ知らない。怪談連載でも何度か登場する〝呼び寄せてしまう魔のオートバイ〟なのだ。知～らないっと。

お化けキライが加速してしまったE君もさすがにあれに懲りて、スマホでこれを読むことはないだろう……と思う。

オジイの教え

私のイシダイ釣りの師匠とも言える人のことについて少し書いてみたい。

南伊豆にあるその地区の磯へ通うようになったのは、まだ下手くそな若造イシダイマンだった頃だ（歳を取っただけで今でも充分に下手くそだが……）。

私が初めて行ったときにはその渡船宿は二代目船長が切り盛りしており、隠居生活をしていた先代のその人は常連客からは「オジイ」と呼ばれて親しまれていた。

話好きで心優しき海の男であるオジイからはいろいろな話を聞いた。

戦争中にフィリピンで米軍と戦った武勇伝の数々、渡船宿を始めた頃の苦労話、その前は潜水士で港湾工事などの現場でも働いていたことなど、昔話が始まると止まらなくなるが、海の中の話、特にイシダイの生態などはものすごく興味深かった。

釣りこそ自分ではやらないが、長年潜水漁でアワビやイセエビなどを獲ってきたオジイは周辺の海底を知り尽くしている。

「何回来ても小さいのしか釣れないけど、そこの壁に貼っている魚拓のようなデカいヤツって滅多にいないのかなあ」

「そんなことないぞ。潜ってみると大きいのも小さいのもたくさんいるぞ。皆、少しでも深いところをねらいたがるが、腹が空いたヤツは案外浅いところにも回遊してくるんじゃ」

大きな根の上とか、足もとからドン深のところは壁に沿って水面近くまで上がっていくのを何度も見ておるぞ。イシダイもこんなに大きくなるまで生きているヤツは賢くなってハリの付いたエサに食いつかなくなるのじゃろうなあ」

それからオジイはイシダイの活性が上がる潮や、

こんな条件のときはあそこのポイントがいい、などなど細かく教えてくれた。

「いい条件が揃ってもあの磯は上がりたくないなあ。何回か渡ったけどあそこは生温かい風が吹いてきてイヤな気配がしてくることがあるんだ」

私がそう言うと、オジイは意外そうな顔でこう返した。

「ほお……お前さんは霊感が強いんじゃな。オジイも、貝を獲って水面に顔を出したらあそこの岩場に人が何人もいるのを見たことがあるぞ」

「え……オジイもあれを見たの？」

そこは地磯だが背後は高い崖で、渡船を使わないと行くことはできない。そんなところに釣り人ではない普通の服装の人が何人もいたらアレしかないではないか。

「岬の先端のあそこになぜ集まるのかオジイにもわからないが、あれは海で死んだ人ではない。海で命を落とした霊は死んでから時間が過ぎて悲惨な姿をしている場合が多いんじゃ」

ひぇーっ、オジイの怪談話が始まってしまった。

「それ以上聞いたらここに来れなくなっちゃうからもういいよ」

話好きなのはいいが、こんな話まで好きとは知らなかった。それから何度もこの手の余計な話も聞かされたが、オジイの教えどおりにやったものの不満が残るサイズばかりでなかなか納得のいくサイズは釣れてくれない。

何年か過ぎて、「オジイ見てくれ！　ついにやったよ‼」と報告もできないうちにオジイは天寿を全うした。

しかし、その翌年、ついにその日はやって来たのだ。あの磯より少し沖にあるポイントでサオをだしていた私は潮の向きが変わったことに気が付いた。

これは……オジイが言っていた、沖から溝を伝ってイシダイがエサを探しにやって来るという流れ方だ。こんなときはあの根の上に仕掛けを止めておくと……あっ食った！

磯の上には納得してさらにオツリが来るようなサ

イズの銀色の魚体が横たわっている。そのとき、後ろに人の気配を感じた私は笑いながら言った。

「オジイかい？　そこにいるんだろ？　ついにやったよ!!」

返事はなかったが、一瞬、風が通り抜けていくとその気配は消えた。

——海《うみ》で川《かわ》で起《お》こった釣《つ》り人《びと》の怪奇体験《かいきたいけん》

水辺《みずべ》の怪談再《かいだんふたた》び

2020年8月1日発行

編　者　つり人社書籍編集部
発行者　山根和明
発行所　株式会社つり人社
〒101－8408
東京都千代田区神田神保町1-30-13
TEL 03－3294－0781（営業部）
TEL 03－3294－0766（編集部）

印刷・製本　大日本印刷株式会社

乱丁、落丁などありましたらお取り替えいたします。

つり人社ホームページ　https://tsuribito.co.jp/
つり人社オンライン　https://web.tsuribito.co.jp/
siteB（Basserオフィシャルウェブサイト）　https://basser.tsuribito.co.jp/
釣り人道具店　http://tsuribito-dougu.com/
つり人チャンネル(YouTube)
https://www.youtube.com/channel/UCOsyeHNb_Y2VOHqEiV-6dGQ

乱丁、落丁などありましたらお取り替えいたします。